TOKUGAWA IEHARU

緊急提言

徳川家治の政治に学べ

超近代的手法を駆使し成功させた
景気浮揚・地方分権
財政健全化・税制改革

後藤晃一

テーミス

緊急提言
徳川家治の政治に学べ

超近代的手法を駆使し成功させた
景気浮揚・地方分権・財政健全化・税制改革

後藤　晃一

はじめに ―政治改革のヒント―

昨今、政治家を悩ませている難題が数多くあります。本書の副題に挙げた「景気浮揚」、「地方分権」、「財政健全化」、「税制改革」などがその最たるものではないでしょうか。

江戸時代、こうした難題と真正面から取り組み、見事に解決した政治家がいました。それが本書の主人公、十代将軍徳川家治であります。

その政治手法は非常に斬新で、興味深いものであります。詳しくは本文で記しますが、ここでその、さわりの部分だけお示しいたします。

「景気浮揚」 家治以外にも江戸時代に景気を良くした人は何人もいます。その人たちの手法は、金をばらまくという、ごく単純なものでありました。その後をみると、決まって財政赤字、あるいは手持ちの金を激減させています。

それにひきかえ家治の手法は、手持ちの金を増やしながら景気を良くする、というものです。金をばらまくどころか、大倹約をしているのです。しかも景気の良さは半端でなく、どの歴史書にも「百花繚乱の世」と記されている程でした。

さて、その手法ですが、金融政策、産業振興策および民間の金を利用した方法などが絡み合う複雑なものであり、簡単に言い表せられるものではありません。したがって詳細は本文において追々記すことにして、次へ進めさせていただきます。

「地方分権」　全国三百藩の藩主に権限移譲したことを言うのですが、これは藩主の能力、地の利に差があるので、一律にはいきませんでした。三百藩もあるのですから無理ありません。藩主に権限を渡し「自由に藩運営をせよ」と言っても、できるところばかりではないでしょう。

この時、幕府は二つの方法を用いています。自主運営可能な藩と、そうでない藩に分けて実施したのです。

前者の藩主には思う存分能力を発揮させ、藩運営をさせています。

後者の藩主には幕府から助け船を出しています。簡単に言うと「幕府の言う事業をやりなさい」というものです。さて幕府の用意した事業とは、どのようなものであったでしょうか。詳細は本文をご覧ください。

藩学校もこの頃から急速に増加しているが、このことは教育面にも目がいくようになっていたとの証拠でもある。この時期、全国各地から藩財政を立て直し、また領民の教育を盛んにして良い政治を行なった名君が大勢出ています。このことは歴史の本などで既に立証済みであります。この一事を捉えても、地方分権の成功が裏付けられたと言えるのではないでしょうか。

「財政健全化（幕府の）」　幕府は、江戸城内の経費節減を徹底的に行なっている。一方で新通貨発行、貿易収支の黒字化（国営事業を推進し、輸出品を大量に生産させ黒字にした）、新税の導入などの収入増加を積極的に行なった。その結果、幕府は貯蔵金を大幅に増加させました。家治はここでも超近代的手法を用いています。

現在国も、地方自治体も、多額の借金に悩まされています。家治の執った手法には、それを解決するヒントがあるように思われます。

「税制改革」　長い間税金と言えば農民の納める米、いわゆる年貢のみでありました。この頃から利益を上げている全ての業者から、広く薄く徴する税を採用しています。

税額は双方が交渉し、折り合ったところで納得の上決めているので、ほとんどもめることはありませんでした。しかも業者ごとに代表者が、毎年一定月（大部分が十一月）に全員分をまとめて持参するという、徴収側からすれば非常に効率のよいものであったのです。一方、農家に課していた年貢率は少しずつ下げています。

家治は将軍になるや、このような政策を次々に打っていったのです。

ところで皆様方はここまでの記述をご覧になって、歴史家でもない私の記事を、素直に信じていただけたでしょうか。たぶん半信半疑でおられることと思います。なぜなら従来の歴史の本に、このような記述がないからです。では私が何を根拠に書いたか、また上記疑問点などが今までの歴史の本になぜ記されてこなかったかを、私の推理を交えここで述べておくことにいたします。

本書の原典は、主として「徳川実紀」「寛政重修諸家譜」や当時来日したツンベルクの記述、および当時の長崎商館長チチングの著（この二人は当時の日本を調査し、客観的に記述している）です。私は今までの歴史家の言を鵜呑みにせず、極力こうした原資料を基にして記しました。

なぜ従来の歴史家の書を避けたかといえば、その人達の多くが武士出身または現役武士であり、武士側に立って物事を見つめ、書いていたからです。そのため国民にとって良い政治であっても、武士にとって都合の悪い政治であれば悪い政治とされ、中には埋もれてしまったものもあります。

結論から言うと、当時の歴史家による歴史書で、庶民側から見て書かれたものはなかったということです。本書は、当時を庶民側に立って俯瞰し、記したのです。

それまで悪い政治と定説化されていることや、消されてしまった記述であっても原点に返って調べ、必要と思われるものは丹念に拾い出しました。いわゆる視点を変えて見たわけです。すると国のため国民のために、先頭に立って采配を振る将軍家治が見えてきました。

「乱れた世」それは武士側からみた表現で、庶民側からみた場合「自由と平等の世」となるのです。その証拠に、本文に記した当時活躍した人達の大部分は庶民であり、彼らが能力を伸ばせたのは、自由と平等が与えられていたからこそできたことです。

今までこの時代の改革は、田沼意次が行なったと言われてきました。しかしこのような庶民に自由と平等を与える政治など、一介の官僚のなせる業ではありません。また多くの改革が行なわれた明和、安永年間は、田沼意次にはまだそれだけの権限は無かったのです。たしかに田沼意次には政治を任された時期がありました。しかしそれはほとんどの改革が終わった後の、天明年間に入ってからのことです。田沼意次に関する記述は本文第七章にて詳記しました。

私は田沼意次の城下町、相良町（現静岡県牧之原市）に生まれ、郷土史家であった父後藤一朗が田沼意次を研究した関係から意次のことを調べるうち、今まであまり評価されなかったその時の将軍、家治が立派な政治家なることをつきとめました。

歴代の将軍の中で最高の政治知識を有していた（徳川実紀の記述）と言われる家治、その家治の実践した素晴らしい改革政治、そこには現代に活かせる、数多くのヒントがあるように思われます。読者諸兄によりそのヒントが活かされれば幸甚であります。

目次

第一章　「家治の改革政治」の母体　徳川時代中期

八代将軍　徳川吉宗の時代

八代将軍吉宗は、テレビでおなじみの「暴れん坊将軍」です。物語は脚色してありますが、人物像は的を得ていると思います。

この吉宗は、紀州藩主徳川光貞の四男として生まれましたが、兄達が次々に死亡したため藩主となり、その上、七代将軍家継《いえつぐ》が死亡したのでその後を継ぎ、八代将軍になった稀にみる幸運な人物であります。

吉宗が紀州藩主となった時は兄達が死亡したので必然的に順番が廻ってきたのですが、将軍に推挙されるに当っては運だけではなかった。ライバルが何人かいたのです。

特に尾張藩の徳川継友《とくがわつぐとも》は紀州藩と同じ御三家の藩主でしたが、御三家の中の格としては尾張藩が上であるので、吉宗より継友の方が条件としては恵まれていた。しかし吉宗には紀州藩財政を立て直した実績があったので、その手腕が買われ最終的に吉宗が将軍となったのです。

吉宗が徳川宗家《とくがわそうけ》の将軍となったのは、年齢三二歳（満年齢、以後も同じ）という脂の乗り切った気力、体力とも最も充実した時でありました。紀州藩から有能な家臣二百人程を引き連れ江戸城へ乗り込んだ吉宗は、次々と改革を断行しました。これが世に云う「享保改革」であります。この改革は日本の近代化に最も貢献したものとして高い評価を得ています。

吉宗が紀州藩を治めていた時は、藩主吉宗をはじめとして家臣、領民がよく働き、質素倹約したので、藩財政も領民の暮らしも良くなりました。吉宗は将軍として国を治めるのも、この延長線上の政策で執政していけば必ず好転するものと信じていました。

そして将軍となるや、全藩主を集め「無駄遣いせず、よく働くよう」示達しました。国民にもこの考え方が浸透し、質素倹約と労働の世となりました。

吉宗の将軍としての執政期間は二九年間でありますが、一貫してこの方法で治められています。国民は「そのうちきっと良くなる」と思い、言われるとおりやっていました。しかし吉宗の思惑と異なり、国内景気は一向に好転しませんでした。国の運営とは、そんな単純なものではなかったのです。

吉宗が執政して十五年程経った頃、吉宗の国政運営に異議を唱える者が現れました。尾張藩主徳川宗春です。宗春は吉宗と将軍位を争った、故継友の継嗣でありますが、吉宗に対し直接異議を唱えたというより、行動で示したのです。

自分の治める尾張藩で、吉宗の政策と正反対の奢侈政策《しゃしせいさく》を行ないました。藩主自ら贅《ぜい》を尽くし、大盤振る舞いをしたのです。そのため国内全体が景気低迷に喘いでいる中、尾張藩だけは好況に沸くという、異例の事態となりました。

宗春の政治は、自ら著した「温知政要《おんちせいよう》」を家臣に配布し、施政信条を有言実行する分かり易く、かつ楽しいものでありました。そのため家臣や領民からは、大いに支持されるところとなったのです。

こうした状況を見て面白くないのは吉宗であります。吉宗は密偵を放ち、尾張藩の内情を調べさせました。

すると尾張藩は宗春の贅沢三昧《ぜいたくざんまい》がたたり、藩財政を大幅に悪化させていることが判明しました。吉宗はそこを厳しく追及し、宗春を引退に追い込みました。

その処分が終わったのが元文四年（一七三九年）で、吉宗が次期将軍家重に将軍位を譲る六年前でありました。その後も景気は好転せず、国民を落胆させる結果となったのです。

吉宗は、引退後も大御所として死ぬまで（引退後六年間）幕政に関与し続けており、結局彼の国政に関与した期間、約三五年間（将軍として二九年間、大御所として六年間）は質素・倹約・勤労の奨励で貫かれ、国民はその間ずっと耐え忍んだのであります。

世情に通じそのことを十分承知している吉宗は、自分のできなかった「景気を良くし、国と国民を豊かにする政治」を次代以降、特に孫の家治に期待したのでありました。

九代将軍　徳川家重の時代

時代小説は一人の英雄を取り上げ、その活躍ぶりを物語にするといったパターンが多く見られます。前項吉宗を扱った「暴れん坊将軍」の物語などその好例です。

作家たちは吉宗が読者に好印象を持たれるよう、良い記事を多く、悪い記事は少なくしています。吉宗の悪い記事というのが、この家重にまつわる事柄です。吉宗の長男が、暗愚で言語障害ときては様になりません。そこで作家たちは家重を極力登場させないようにしています。したがって家重の本当の姿は、良し悪しにかかわらずほとんど知られておりません。では実際の家重とは、どのような人物であったのか見ることにいたしましょう。

家重の生まれたのは正徳元年（一七一一年）で、父である吉宗がまだ紀州藩主の時でありました。従って家重の将来は、その時点では紀州藩主ということになります。その後父吉宗が将軍となったことから、その地位が彼に廻ってきたのです。

家重は子供の頃から健康にすぐれず、特に言語障害があり、彼の言葉を理解できる人物はごく限られているという状態でありました。

家重は二十歳の時、父の正室と同じ家系の伏見宮家の姫、比宮増子《なみのみやますこ》と結婚しました。二人の間には子供はありませんでしたが、二人の側室との間に、夫々男子を一人ずつ持つことができました。一人が十代将軍家治であり、一人が御三卿の一つ清水家を建てた徳川《とくがわ》重好《しげよし》であります。

延享二年（一七四五年）家重三四歳の時に将軍位を父吉宗から譲られましたが、この継承をめぐって老中松平乗邑《まつだいらのりさと》が「将軍継嗣（家重）廃嫡騒動」を起こしたとする説があります。

それは「言語障害のある家重より、利発な弟の宗武の方が将軍に適している。」と乗邑が吉宗に進言したのを根に持って「家重は将軍に就任するや即座に乗邑を罷免した。」との噂が流れたのです。

しかしそれは根も葉もない、単なる噂と推測されます。なぜなら実権は依然として吉宗が持ち続けており、就任したての家重がそのような大物政治家を左右する人事権など持ち合わせているはずはないからです。また乗邑には息子乗佑と共に、家重の長男、家治生誕の際の儀式を取り仕切った経緯もあり、吉宗、家重、家治へと引き継がれる将軍継承は、むしろ推進する立場にあったのであります。そしてなにより、この将軍継承は吉宗の意思でもあり、他の選択肢は皆無であったからであります。

話はそれましたが、吉宗は将軍位を譲ったものの、心もとないと思ったのでしょう、その後もずっと大御所として政治に関与しています。

家重が将軍となった時、その嗣子家治は八歳になっていました。

家重が政権を引き継いだ直後の幕府閣僚は、吉宗政権時とは大幅に改造されており、主な顔ぶれは老中酒井《さかい》忠恭《ただずみ》、堀田《ほった》正亮《まさすけ》、側用人大岡《おおおか》忠光《ただみつ》、若年寄《わかどしより》板倉《いたくら》勝清《かつきよ》、という布陣となりました。

また次期（家治）政権で活躍する松平武元はこの時主計頭でしたが、延享四年（一七四七年）老中に、また田沼意次は小姓でしたが、宝暦元年（一七五一年）側用取次になっています。

この幕府内において、側用人大岡忠光は、家重の話す言葉を理解できるただ一人の人といわれ、最も厚い信任を得ていました。家重はこれらの人達と執政にあたるのですが、執政組織を組むにあたっていくつかの改善の跡が見られます。そこには大御所となった吉宗の意向が見え隠れしていました。

一例を挙げれば、吉宗が将軍であった時、筆頭老中松平乗邑に権力が集中しすぎたという苦い経験から、今度の人事では筆頭老中堀田正亮に勝手掛（財政、民政を専管）を任命したのですが、その下に勝手掛若年寄という部署を新設して板倉勝清をそれに任命し、権力が堀田に集中しないようバランスをとっています。

このように政治の中心は将軍家重とし、それを前記の人たちが補佐するという組織に組みかえられました。

吉宗の思惑は、自分の亡き後も将軍を頂点とした組織、いわゆる周囲の者から突出した人が出ない組織を作るということにあったのです。そしてこの組織は思惑通り機能し、家重政権下では、補佐した人の中で最も権限のあった勝手掛老中堀田正亮においても、前記の如く勝手掛若年寄の板倉勝清に牽制され、専権を振り回すことはできなくなっていました。

こうして家重は幕臣たちに守られ、無事政権を全うすることができたのであります。

さて、家重はこれらの人達に支えられどのような政治を行なったのでしょう。特徴のある事例を一～二摘出してみます。

一つは幕府財政の健全化を図るための予算制度の新設であります。

これは吉宗が大御所として在位していた時の、寛延三年（一七五〇年）に取り入れられたものであり、吉宗の発案とする可能性が高く、わが国最初の画期的な制度といえます。

この予算制度は、冗費《じょうひ》を圧縮するのに大いに役に立つものでありました。そして、それ以後の執政者は財政健全化に際し、この制度を活用しています。

次に示すのは画期的な裁判の例であります。従来の裁判では決して幕府閣僚側から罪人の出ることはありませんでした。幕府閣僚たちは裁く側にあり、罰せられるのはいつも下級武士や庶民でありました。しかしその通例が破られ、幕府閣僚や上級武士側からも、多くの罪人が出るという極めて異例な裁判が行なわれたのです。

それは郡上一揆《ぐじょういっき》裁判ですが、一揆を起こした村人と同時に、藩主や上級家臣も処分されたのです。しかも藩主と通じていた幕府閣僚（老中・若年寄・大目付・勘定奉行）までも処分されるという、厳格かつ公正な裁判が行なわれたのでありました。

家重は上記二つの事象を見てもわかるように、真面目で公正な政治を行なっています。歴代将軍の中において目立つ存在ではないものの、吉宗の享保改革を無難に引き継ぎ、定着させ、また一部は前進させた点、かなりの高評価が与えられてしかるべきであります。それと多くの将軍の政策に見られた愚民政策《ぐみんせいさく》はとらず、かえって民衆の知識の向上やモラルアップを図っています。石田梅岩《いしだばいがん》の心学が生まれ、また国学の賀茂真淵《かものまぶち》、禅僧の白隠《はくいん》禅師《ぜんじ》、思想家の安藤昌益《あんどうしょうえき》などが修業したのがこの時代です。

こうしたことは享保改革の人材育成政策が、順調に進展していた証左でもあります。次の時代（家治の代）に教育、文化が大きく花開くのですが、その芽はこの時代に育《はぐく》まれていたのでありました。

第二章　十代将軍　徳川家治の登場

家治の誕生

徳川家治は元文二年（一七三七年）五月二二日、江戸城西の丸で生まれました。母は梅《うめ》渓《たに》通条《みちえだ》の娘、於幸《おこう》の方であります。於幸の方は家重の正室、比宮増子《なみのみやますこ》に従って下向し、奥勤めをしていましたが、享保十八年（一七三三年）比宮が亡くなると、側室となり、男子をもうけました。これが本書の主人公、家治であります。

幼名は竹千代と命名されました。この家康の幼名竹千代の名をいただき、将軍になった人は、家康を除く十四代のうち三人しかおりません。すなわち、三代家光、四代家綱、それとこの十代家治であります。その他の十一人の将軍は、将軍の嗣子として生まれたのでなく、嗣子であった兄が亡くなったとか、将軍家に世継ぎが無く他家から入籍したといったような、何らかの事情によりなった人ばかりであります。ともあれここに家重の初の子供、しかも男子が誕生したのであります。この時江戸城内は喜びに沸いています。その模様は「徳川禮典録」に詳しく記されています。

吉宗にとっては待ちに待った孫の誕生でした。家治が生まれた時、吉宗はまだ現役将軍でありました。現役将軍は多忙でありますので、いくらかわいい孫といえども接触する機会は少なかったのです。

家治が八歳になった時、吉宗は引退し、大御所になりました。時間に余裕が持てるようになった吉宗は、この孫に文武両道を自ら指導したのは勿論、当時の最高の指導者をつけ学ばせました。学問は成島道筑《なるしまどうちく》、剣術は柳生久寿《やぎゅうひさとし》、槍術は小南三十郎《こなみさんじゅうろう》、鉄砲は中島《なかじま》内匠頭《たくみのかみ》などであります。

吉宗は嗣子、家重にもこうした教育を付けようとしたのですが、家重は病弱であったため武道は無理に行なわせず、学問に重点を置き、当時第一級の大学者、室鳩巣《むろきゅうそう》を侍講《じこう》に起用し、勉強させせました。

吉宗は家重の時も家治の時も小姓数人を一緒に学ばせております。それは将来この学問が政治の中で生かされることを予想してのことであります。案の定、この小姓の中から優秀な人物が現れるのです。家重の小姓田沼意次、家治の小姓水野忠友等であります。

家治の受けた帝王学

家治は祖父吉宗を非常に尊敬していたので、その教えを素直に受け入れていました。徳川実紀（巻末立証資料※1）に吉宗が「自分の生きているうちに家治を立派な政治家に育てたい」と言う記述があります。さらに「国家を治め万民の父母となる身は聖人経国の要道、和漢の治乱の事実に暗くしては成り難し」といって、昔の賢者の行跡を学ばせた、との記述もあります。

第一章で記したように、吉宗は紀州家四男として生まれたのであって、子供の頃は将軍になるなど思いもよらなかったのであります。したがって帝王学など、ほとんど勉強しておりませんでした。それがある日突然、将軍にまでなってしまったのですから、いかに聡明な吉宗であっても、全くの自己流で全国を治めるのは至難の業であったのです。

それでも紀州藩より、選りすぐりの家臣を引き連れ江戸城へ入り、困難な国政をなんとか乗り切ったのでした。しかし帝王学を勉強していない吉宗は、自分の知識不足を痛感しました。そして将軍には帝王学が不可欠であるということを、いやというほど知らされた吉宗は、子と孫にそれを学ばせたのであります。

吉宗は家治の素質を見抜き、家治には特別力を入れ、教育を施しました。また吉宗自身は帝王学を得意としていなかったので、講師の儒臣成島道筑を召し、徹底的に教え込むよう命じています。これを受け、成島道筑は「経書はさらなり、和漢の典籍を進講させた」（徳川実紀）と言葉では少ないが家治に対し、日本と中国の経済に関する書籍、および有益と思える古典の数々を与え勉強させたのであります。

家治は祖父の意を汲み、その教えに従い一生懸命勉強に励み、前・後漢書、三国志など暗記するまでになったと徳川実紀には記されています。

家治が成長してからのことですが、講師の道筑に「自分は古典を学びおおよそ理解ができるまでになった。しかし理論ばかりで実際の政治にどう活かせばよいか解らない。理論より実際の政治に生かせる学問がしたい。」と言ったので、道筑は「それは良い所に気付かれた。ならば具体的に誰がどのような政治を行ない、良い政治で国はどのように良くなったか、反対に国が衰退した時はどのような政治が行なわれていたかを勉強されるのが良いでしょう。」と助言しました。そしてその日より直ちに政治に役立つ勉強、いわゆる実践を想定した勉強も取り入れたのであります。

このように家治は祖父吉宗、および講師の成島道筑に徹底的に教育され、いつ自分が将軍になっても困らないよう、完璧なまでに帝王学を身につけたのでありました。

家治と大奥

大奥とは将軍の私生活の場であります。家治はどのような私生活を送っていたのでしょうか。その生活ぶりでおおよそ、その人柄が理解できると思われます。まず正室及び側室について記したいと思います。

正室は皇族からお迎えしております。閑院宮直仁《かんいんのみやなおひと》親王の娘、五十宮倫子《いそのみやともこ》（一七三八〜一七七一）と言います。閑院宮直仁親王は、東山天皇の後を継いだ中御門天皇の弟であり、同宮家の祖でもあります。従って倫子は東山天皇の孫であり、かつ中御門天皇の姪でもあ

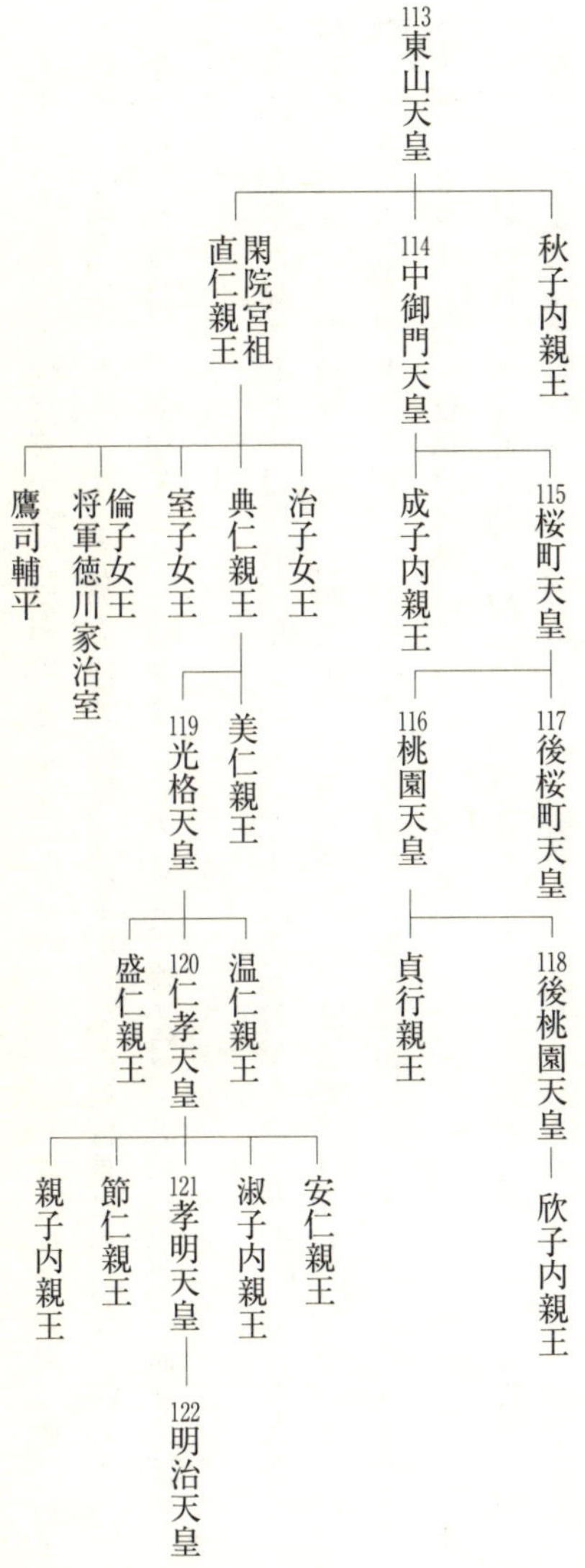

ります。その後、閑院宮家から天皇が出ることになるのですが、それは倫子の兄、典仁親王の子、光格天皇であります。この光格天皇は、倫子から見た場合甥にあたり、後の明治天皇から見た場合は、曽祖父にあたります。このように倫子は、非常に高貴な血筋の姫でありました。

家治と倫子が結婚したのは宝暦四年（一七五四年）十二月でありますが、婚約をしたのは吉宗が健在の、寛延元年（一七四八年）でありました。倫子が江戸へ下向したのは、宝暦二年四月のことであります。そしてその翌年の十一月、縁組披露、十二月江戸城西の丸へ入輿となりました（徳川諸家系譜）。

その頃の結婚は二人が愛を確かめ合い、相思相愛のもとに結ばれるということなど、ほとんどありませんでした。しかし家治十七歳、倫子十六歳の二人は十分愛を育《はぐく》む期間を与えられ、その深まりを実感しつつ結婚したとのことです。

歴代将軍の中で家治ほど、その正妻を愛した将軍はいなかったとも言われています。結婚後、間もなく二人は二人の子供を授かりました。その頃、将軍の正室が子供を身ごもることは、極めて珍しいことと言われていましたが、倫子は二人も授かったのです。これをみても、いかに二人が仲睦まじかったかがわかるというものです。しかし残念なことに、倫子が出産したのは女子ばかりでした。長女は西の丸に居を持っていた時の宝暦六年七月生まれましたが、不幸にして翌七年四月夭逝してしまいました。

その後、倫子は家治の将軍就任に伴い、宝暦十年本丸に移り、御台所と呼ばれるようになりました。ここから大奥の生活が始まるのです。

宝暦十一年八月、次女萬壽姫が生まれます。萬壽姫は順調に成育するのですが、姫ばかりの誕生に世継ぎを心配した倫子は、自ら自分の周辺にいる中臈を側室にと薦めるのでした。一人は自分が京よりつれてきた、お品であり、もう一人は大奥老女松島付き、お知保でありました。

家治は側室を持つことを拒否し続けたのですが、側近の田沼意次からも口説かれた模様で、交換条件として「そち（意次）も持つならば応じる」と言い、二人は揃って側室を持ったとのことであります。

思惑通り家治の二人の側室は、それぞれ一人ずつ男子を授かりました。家治はこれで役目は終わったとばかり、その後側室へのお渡りは一切なくなったようであります。当然二人の側室にはその後、懐妊の兆候は現れませんでした。

最初に出産したお知保の子が、竹千代（後の家基）と名付けられ、世継ぎとして育てられるのであります。その二ヵ月後に生まれたお品の子供は、貞次郎と名づけられましたが夭逝してしまいました。

倫子は男子出生を、我がことのように喜び「竹千代は自分が養育したい」と申し出たほどであります（徳川諸家系譜）。

その後も家治と倫子は仲睦まじく過ごし、倫子は時々供揃えをして芝増上寺や上野寛永寺の将軍廟所に出かけたりして日々生活を楽しんでいました。しかし倫子は明和八年（一七七一年）八月、三三歳という若さで家治に惜しまれながら亡くなってしまいました。倫子にはその後の天明三年（一七八三年）に従一位が贈られています。

次女萬壽姫は順調に育ち、明和五年四月、尾張中納言治休と結納を交わすまでになりました。しかし母親倫子の死亡後間もない安永二年（一七七三年）二月、婚礼の日を待たず、母の後を追うように亡くなりました。家治は、最愛の二人を立て続けに亡くしてしまったのです。

次に家治の大奥における生活振りを見ることにしましょう。

八代将軍吉宗は質実剛健で知られ、非常な倹約家と言われています。その吉宗の薫陶を受けた家治もまた、それに輪をかけた倹約家でありました。

吉宗が大御所として政治に携わっていた時、支出を抑えるために予算制度を導入したということは既記しました。

江戸城における納戸の経費、いわゆる将軍及び大奥の生活に関連する払方御納戸経費の予算は、吉宗大御所時代の寛延三年（一七五〇年）一万五千九百両が計上されています。それが家治時代の明和八年（一七七一年）の同予算は、一万両と大幅に減少しています。質素倹約で名高い吉宗の大御所時代に比べても、家治の時代の方がずっと少なくなっていました。

家治の治世下においては国中、好景気に沸き、多くの人がその恩恵に浴し、満ち足りた生活を送っていたのですが、その最高位にいた当の家治はこのように自制していたのです。それを証するように「徳川実紀」にも、その倹約振りが随所に記されています。

このように家治の私生活は、我々のイメージにある将軍像とは全く異なった、極めて質素で、家族思いの一般家庭の父親のようであったのです。

満を持して将軍になる

家治の執政期間は一般的に「田沼時代」と呼ばれています。その理由は、家治が政治に興味を示さないため、田沼意次が取って代わって政治を行なったというものであります。

しかし徳川実紀は、家治が自ら政治を執り行なっている記述となっており、その記述には何の違和感もありません。そこでこの書では既記の如く「田沼の政治」との言は避け、家治の政治として記すことにしました。家治は一時期、田沼意次に政治を任せます。その時期というのは、ほとんどの政治改革が完了した後の天明年間のことです。それには訳があるのですが、詳しくは第七章をご覧ください。

宝暦十年（一七六〇年）五月十三日家治は二三歳で将軍位を継いでいます。帝王学は過去のどの将軍よりも学んだという自負がありました。西の丸より父家重の政治をじっと見つめ、満を持して将軍になったのであります。

家治は将軍となるや、直ちに今まで学んできた帝王学を実践し、幕臣たちにショックを与えるのです。

前将軍が病弱であったため、江戸城内の士気は緩んでいました。そこで先ず江戸城内の空気を一新したのであります。

徳川実紀の記事を見ると、早速「宝暦十年五月十六日、目付して百人先手諸隊の与力同心、銃技を試しめらる。」とあり、家治が江戸城警備諸隊に対し、鉄砲の実技を行なうよう命じ、その技を試しています。

また「六月十日儒臣林内記信愛、雁間に於いて経書を講ず。・・・御代替ののち始めてなれば、聴衆みな麻上下を着す。」とあり、幕臣を集めて林家《りんけ》の儒臣による儒教の講義を受けさせたのでした。

将軍に就いた初めての正月十一日に、途絶えていた御弓場始《おゆみばはじ》めの騎射、歩射、騎馬等の儀式を復活させています。以後たびたび上覧し、臣下の者たちを競わせます。

途絶えていた鷹狩りをも復活させました。そうした際、いつも将軍自ら時間厳守し、近習たちを待たせることはありませんでした。将軍自らが規律正しく、また武術にも積極的に取り組むので、臣下の者たちは追随せざるを得なくなりました。

その後幕臣、藩主たちには次なる課題が用意されていました。徳川実紀の宝暦十一年二月二一日の項にそれがみえます。江戸城の大広間に在府の全ての大名、及び幕臣が集められました。

将軍への拝謁が済み、その後次の儀式が催されています。老中秋元但馬守《あきもとたじまのかみ》が出でて「法令を与える」旨布れました。この法令というのは「武家諸法度《ぶけしょはっと》」のことで、本来なら幕臣や藩を治める藩主は、その内容を全て承知していなければならないものであります。

将軍代替の際の「武家諸法度」配布、および儒臣による解説は恒例となっており、儀礼的行事の一つでありました。しかし今回の解説は従来の儀礼的なものとは異なっていました。微に入り細に亙り解説され、群臣たちは皆、これは単なる儀礼的行事で無いと感じたのです。

その時の緊迫した模様が徳川実紀に次のように記されています。「そこに儒臣《じゅしん》林大学《はやしだいがく》頭《のかみ》信言《のぶこと》が現れ、据え置かれた法令集を読み始めた。群臣みなつつしんで拝聴す」翌日も同様「高家《こうけ》をはじめ群臣は将軍に拝謁した後、林内記信愛の法令を読むを拝聴す」読み手は替わるも前日と同様、法令を二日にわたり聞かされ、その上この法令集を老中よりうやうやしく渡されたのでありました。このように非常に緊張感あふれる儀式となったのです。

思惑通りこれは単なる儀式で終わるのではなく、後にこの「武家諸法度」の理解度が、藩政に及ぼす影響を大きく左右したのであります。それというのは、その後各藩主に藩運営の権限が渡されていくのでありますが、それまでは幕府の言う通りにしていればよかったのを、法に触れない範囲で「自力で藩運営をせよ」となったので、当然この「法」、いわゆる「武家諸法度」の熟知度が問題になってくるのであります。

これをいち早く察知し、よく理解して藩政を執り行なった藩主たちは藩改革を成功させることができたので、名君と称えられています。反対に旧態然としていた藩主により治められていた藩は、周りの藩が発展していくのに自分達の藩が良くならないので領民たちが不満を持ち、一揆などが起きています。

このようにして家治は将軍就任早々、幕臣および藩主、その家臣に武士の本分である武道の修練、幕政および藩経営の根本である「武家諸法度」の修得をさせ、城内空気を一新したのです。

この若さあふれる青年宰相が満を持して将軍に就任し、江戸城内の空気が活気を帯びるにつれ、お膝元の江戸市中にも変化が現れ始めました。

特にそれまで関西に水をあけられていた文化面では、江戸文化という新しいジャンルの文化を生み出し、一気に追いついたのであります。江戸歌舞伎や江戸の相撲といった芸能やスポーツ、また浮世絵版画や黄表紙、川柳などの文芸において江戸独自の文化が花開いたのです。

このように江戸が栄えると、京都、大坂といった関西も黙ってはいない。従来の文化に更に磨きをかけ、江戸に対抗心を燃やすといった具合で、この三都は前代未聞の発展を遂げています。

地方はといえば、規制緩和と地方分権により各地で産業が興り、名産品などが大量に生産されるようになりました。この「規制緩和と地方分権」は第四章にて詳記しますが、そもそも権限委譲がなぜできたのかという疑問が残ります。全国三百藩の藩主たちにそれだけの能力があったかといえば、とても思えません。考えられるのは、幕府官僚たちによる好リードがあったからではないかということです。

具体的には次章「家治を補佐した幕府閣僚」の項等で述べますが、要は幕府が藩主たちに権限を委譲し、思う存分手腕を発揮させたから、地方が発展したのです。このような状態になった時、従来の物流や通貨のシステムではとても耐えられなくなります。時の幕府はこれにも的確に対応したのであります。

物流システムでは、全国各地から大量の生産物が消費地に搬送されるようになり、その大量搬送に耐えられるよう陸運、海運業者をしっかりした組織に改組させています。また幕府の命による道路、橋梁の増改設、および交通規制の発布が行なわれました。

通貨は活発化した経済に見合う量の貨幣が発行され、また貨幣自体にも工夫が凝らされ、使い勝手の良い表示通貨の「五匁銀」や「南鐐二朱判」、銭では「四文銭」が発行されました。

諸藩は産業振興を企て地方を活発化させており、幕府は地方と都市を結ぶインフラ整備や効率的新通貨を発行するなどして夫々が役割分担をきっちり果たしています。このように満を持して将軍となった家治は、次々に新手を繰り出して、わが国を好リードしていったのです。

第三章　家治の政治手法

知識に裏打ちされた政治改革

国家を治める将軍の側からすれば「国内ができるだけ波乱なく平穏無事に過ぎて行くのをよしとする」といった政策を目指すのが普通の考え方であります。それを保つには、職業の選択は許さず、農民は農業に専念し、自分たちの食い扶持と、お上に納める年貢の米を確実に収穫さえすればよく、職人も商人も分をわきまえ、その職に専念し、その他のことは何もしないのが理想ということになります。

庶民には余分な知恵は持たせないのが一番良い方法とされていました。それは愚民政策といわれるもので、徳川時代中期までは、ほぼ一貫してこの方法が取られてきました。

しかし、この方法に限界を感じた政治家が現れたのです。それは八代将軍吉宗と、その薫陶を受けた十代将軍家治であります。

愚民政策を執っていれば国内は安泰ではありますが、国力の衰退は免れ得ません。そうしていれば、いつか外国に侵食されてしまいます。それを憂い、時代は異なりますが、この二人は国力および民力の増強に向け種々の改革に取り組んでいます。

ただ吉宗の場合、既述の如く享保改革により国力の増強は図れましたが、国内の景気を良くすることはできず、民力の増強までには至りませんでした。それを見ていた家治は、持てる知識を駆使し、それまでとは全く異なる手法によって国力の増強を図ると同時に、民力の増強までをも成しえたのであります。その手法は後段において述べるとしますが、まず当時の国内がどのように変化していったかを見ておくことにしましょう。

前章で記したごとく、先ず将軍お膝もとの江戸が急速に発展しました。それに対抗するように、京都・大坂といった関西の都市も発展しています。こうした三都を初めとする都会は消費地となり、各地で生産された品物はこの地に運ばれ、そこで処分されていったのです。

地方分権と規制緩和により各藩主たちが自由裁量権を得、知恵を絞った藩運営を行なった結果、都市も地方も、国も国民も裕福になったのであります。

生活に余裕が持てるようになった人々は、学問や芸術に目が向くようになり、文化面の発達へと進んだのです。

後の世の我々から見ればよい方向に向かっているのが分かりますが、当時の執政者である家治にそれが分かっていたか疑問です。神君家康の敷いた路線からはずれることになり、失敗は許されません。従来と異なる政治を行なうには、相当な自信と、十分な知識がなければできるものではありません。

家治が徳川幕府中興の祖と言われた八代将軍吉宗に教育され、帝王学を完璧なまでに身につけさせられたことは既記しました。その吉宗の政治とも、家治の政治は大幅に異なっていました。

帝王学を身につけた家治と、政治勘に頼った吉宗との政治手法の違いを示しますと、吉宗は幕府財政を立て直すのに年貢の増徴に目を向けました。また、国民の生活を安定させるため、米の増産を奨励しました。その結果、吉宗時代の末期には米は余剰気味となり、米の値段は予想外に下落し、手詰まり状態になってしまいました。また質素倹約を奨励し続けたので世の中に金が廻らなくなり、景気は一向に良くなりませんでした。

家治の手法はこれとは全く異なり、国内全体の食糧の需給関係を見直し、それをコントロールすることによって米価の安定を図ったのです。

家治の景気を良くする政策は、高度な手法が用いられています。そこには政治知識を裏付けとした、いくつかの「政治手法」がみえるのであります。その手法の一部ですが「物と金を循環させる」のほか「国民に自由を与え、やる気を起こさせる」という手法があります。

それに乗り、自由を得た国民は、鬱憤を晴らすかのように、持てるエネルギーを思う存分発散したのです。そしてそのエネルギーは、幕府の好リードにより活かされ、各分野における起爆剤となりました。その結果、第六章に示すとおり、百花繚乱の世となったのであります。

それまで愚民政策により抑えられていた民衆は、知識を挽回するため学問の自由や学校の設立を求めました。日本の歴史を見ると、この時を境に一気に藩学校が増加しています。日本人の資質の良さが、この時ほど顕著に現れたことはありません。日本人の能力は、政治が良ければ向上心と相俟って、非常に高いレベルまで引き上げられる、ということが実証されたのです。国学・蘭学・哲学・芸術など最高に栄え、現在その証拠品ともいえる立派な物や事跡が、数多く残されています。

この時の「政治手法」を分析すると、現在の我々から見ても参考になるものがいくつかあります。それはいつの時代も政治家が最も重要視する「景気浮揚」「対外施策」「国民との信頼関係」であります。この三点は政治を語る上で最も重要なことでありますので、若干重複する部分もありますが、以下に記します。

家治の「景気浮揚」の手法は、金融政策、産業振興策および民間の金を利用した方法などが絡み合う複雑なもの、と先に記しました。ではその中身を見てみましょう。

金融政策をみると従来との決定的な違い、いわゆる近代的手法が取り入れられているのが分かります。従来の通貨には問題点が多々ありました。第五章「通貨政策」をご参照ください。

家治は景気低迷の最大の要因が通貨不足、今日で言うところのデフレにあると睨んでいました。そして「通貨政策」により、その問題点を一挙に解決しようとしたのであります。新通貨流通までには紆余曲折あるも、家治は担当の川井久敬を激励し続け、当時としては最高水準の「南鐐二朱判」を完成させ、世間の認知を得たのです。この新通貨を生み出したことにより、金融政策（通貨発行量の調整）が自由に行なえるようになりました。

次に産業振興策をみてみましょう。今日の地方分権に相当する「法（武家諸法度）」に触れない範囲で自由に運営」してもお咎めなしとなったので、各藩は一斉に改革に動いています。

先ず各藩が行なったのは、藩財政の立て直しであった。自藩内で産業を振興させ、その収益により財政を立て直すというものでした。大坂の株仲間等と協力して、特産品を作るという動きが各地に広まった。株仲間達は、藩とも民間とも取引し、また都市と地方の橋渡しもしたのです。

幕府からも産業振興奨励の令が発せられた。具体的には第五章に記すが、要は全国どの藩においても産業が興せる環境を作ったということです。いわゆる落ちこぼれがないよう幕府から、何を作ればよいか、といった情報を提供し、自主運営が容易になるよう配慮したのです。

それまでは幕府役人と諸藩の家臣が直接接するということはほとんど行なわれていませんでした。しかしこの時は、頻繁に行なわれています。三百藩の気候や地域の状況は、それぞれの条件が全て異なるので、落ちこぼれを無くするには幕府役人のきめ細かな指導が必要だったのです。

以上記したように幕府役人のきめ細かな指導、および各藩の努力、また株仲間の取り持ちなどにより、地方において多くの特産品が作られるようになりました。さて、それらの品はどのように消費されていったのでしょうか。次の、民間の金を利用して景気を良くする方法でそれが解明されます。

民間の金を利用した方法、とはどのようなものか。端的に言えば、人々が金を稼いでは使うという世の中にすることであります。

十分な金の量が整い、また売買される物も十分に生産されるようになった。後はこれがうまく循環すれば良いのである。

家治の政治で最も特徴あることと言えば、国民に完全とは言わないまでも自由と平等を与えたことです。そのことにより江戸、大坂、京都といった三大都市、また地方の都市にも大勢の人が集まるようになり、そこでは興行が盛んに行なわれていた。芝居、謡い、踊り、三味線が発達し、江戸の相撲もこの頃からプロとして認められるようになり盛んになった。

江戸に十八大通という十八人の大金持ち（実際はもっと多いが語呂が良いのでそう呼んだ）がおり、「宵越しの金は持たねい」といって豪遊したという。その使い方は大変なもので、吉原を一晩買い切り、大勢の人を引き連れて行き、今の金で言えば二～三千万円を落としたという。

このように人々が稼いでは使うというパターンが出来上がったので、幕府が金をばらまかなくても、景気は非常に良くなり、また長続きしたのでした。

次に「対外施策」は貿易と貿易外に分けて説明いたします。

先ず貿易に関して記しますと、輸入は極力押さえ、輸入に頼っていた品を国産品に切り替えたことが目につきます。また輸出品では国際競争力のある銅や、海産物など国策（免税措置など）として取り組み、大量生産させている。それまでは日本にあった金銀が、国外へ大量に持ち出されていた。家治の時代になり、初めて貿易収支が黒字に転換し、金銀を外国から流入させたのです（第五章、産業振興策のうち「黒字になった貿易収支」に詳記）。

貿易外では外国の動向を常に注視し、その情報収集には最も意を用いていた。ヨーロッパの国々がアジアへ侵入していることや、ロシアの南下といった危険な情報も掴んでいる点などをみると、その収集力および分析能力の高さが窺い知れる。「敵を知り、己を知る」家治の対外施策は、全てこの情報収集を出発点としています。そして基本的には友好的に付き合う方針をとっています。だが、宗教にだけは厳しい監視をしていた。これも的確で、現在世界を見回してみて、紛争の火種になっているものの多くは、この宗教がらみの事件であることからも理解できる。

そして最後の点「国民との信頼関係」については、幕府と国民の信頼関係が非常に良好であったことであります。そうするために家治は不当な身分制、いわゆる生まれながらにして差別される士農工商の制度による弊害を極力排除しようと努めています。次に掲げる二つの事例において、端的に現れています。

家治が将軍に就いて間もない宝暦十年（一七六〇年）八月五日、巡見使に関する法令が出されました。それまで地方藩主は、この巡見使対策に頭を痛めていました。その通知を受けた藩は、少しでも巡見使の印象を良くしようと、全藩あげてその準備に大わらわでありました。藩主は、橋を架け替え、道を普請し、宿泊のもてなし、土産の手配にまで気を配り、また領民は、巡見使を見れば仕事の手を止め、土下座をするのが常でありました。それが次の法令により、一気に解消されたのであります。その内容は「巡見使が通るといって道路を清掃してはならない。宿泊施設も改良してはならない。・・・農民は巡見使が来ても、恐れ入ることなく、そのまま農作業を続けること。・・・巡見使に金銭はもちろん、少しの菓子といえども渡してはならない。違反した場合は罰する。」（※1）というものでありました。この令が全国津々浦々にまで行き渡り徹底が図られたので、人々は大いに安堵したに違いありません。また、この令が出た翌日、世の中が変わったことを象徴する一つの事件が起きました。

それは鳥取藩の家老等が江戸追放処分を受け、藩主池田重寛《いけだしげのぶ》までも幕府から厳重注意を受けるという事件であります。重寛の母は紀州徳川家であるので、家治と重寛はいわば血縁の仲であったのです。このような仲にありながら、将軍から厳重注意を受けるという重い処分を受けたその原因は、従来では考えられないものでありました。「重寛の家臣が農民を厳科に処した」のが処罰の原因であったのです。従来であれば農民が武士に無礼を働けば「切り捨てごめん」などが罷り通り、このような行為は問題にされませんでした。それが当人は江戸追放、藩主は厳重注意という処罰を受けたのであります。

この二つの令には、必要以上に威張っていた武士と、一般市民との関係を平等な方向に向かわせる意図が感じられるのです。まさに画期的な令といわざるを得ません。新将軍、家治のとったこの処置は、三百藩の藩主のみならず、江戸市民にも聞こえたはずであります。

そこには今まで私たちが描いていた江戸時代のイメージとは全く異なる、近代的な人間関係が垣間見えるような気がします。

家治は国民を信頼し、できるかぎり規制を取り払い、自由と平等の政治を行なおうとしていたのです（第八章、自由・平等・平和な社会に詳記）。こうして国民との良好な信頼関係が築かれていったのであります。

では当時日本に一年四ヶ月滞在し、日本を調査したヨーロッパ人のツンベルクは、日本の政治をどのように見ていたでしょうか。彼は日本紀行（巻末＊２）において「私としては（日本の政治および日本人を）文明国民に比して遜色ないものと思っている。その政治組織、外国人に対する態度、その美術、土地の耕作、国内至る所に見られる豊富な産物がそれを証かしている。」とヨーロッパに遜色ない旨述べています。

ツンベルクについて

スウェーデン人、同国ウプサラ大学（＊）を優秀な成績で卒業。同大学の教授であったリンネ（＊＊）の薦めで南アフリカと日本に赴く。事前にヨーロッパの主要都市を歴訪（日本との対比を目的）し、各国の政治状況を把握した上、日本に向かう。身分はオランダ人医師として入国。日本に一年四ヶ月滞在し、その間、将軍家治に拝謁するため、長崎から江戸まで参府旅行した。参府旅行の時期は、安永五年（一七七六年）家治執政十七年目のことであり、諸改革が順調に進展している最中であった。

スウェーデンに帰国後「日本紀行」を出版、その中で日本がヨーロッパ諸国に比し遜色ない旨、また日本人が勤勉かつ誠実である旨を記している。その後この本は、英、独、仏で翻訳され、全ヨーロッパに日本が紹介されたのであった。非常に好意的に書かれており、日本にとっては貴重な本となった。

（＊）ウプサラ大学について
一四七七年創設の北欧最古の大学。　二〇一〇年、ノーベル化学賞を受賞した根岸英一氏が同大学において、受賞記念講演をしたことで、日本での知名度が急伸している。

（＊＊）リンネについて
スウェーデン人、ウプサラ大学教授、植物学者　同学問においては世界的権威者。リンネ自身、日本に興味を持つも、年齢や職業上の制約により行けず、弟子のツンベルクに代行させる。
二〇〇七年の春、日本の天皇皇后両陛下がリンネの生誕三百年祭にご出席なされました。このことを見ても、リンネがいかに偉大な学者であったか想像がつくというものです。

日本紀行にはその他政治に関する記事は多いが、要約すると（日本は専制政治下ではあるが、将軍といえどもその権力を振り回すようなことはせず、法律が遵守され国内が整然と治まっている。食糧も十分有り国民も満足している。欧州の先進国も見習うべきところが数多くあるように思う。）このように述べ、日本のレベルが意外に高いのに驚いていたようでありました。

以上の如く家治の執った政治は、当時のヨーロッパの一流知識人からみても、また現代の我々から見ても違和感のない立派なものであったのです。

従来と異なる政治を行なうには十分な政治知識が必要となる。家治にはそれに耐えうるだけの十分な政治知識が備わっていたと言えるでしょう。

三つの理念と改革を伴う五つの政策

良い政治には立派な理念があり、それを達成させる手段として政策や改革があるのです。まず家治の理念をみると、実績から次に掲げる三つが浮かび上がってきます。第一は「国民の生活の安定」、第二は「国と国民を裕福にする」、第三は「賢民の育成」であります。この理念を達成するためには、次に掲げる改革を伴う五つの政策がどうしても必要でありました。それらは家治の改革政治の核となる部分につき、第五章で個々に詳しく述べるとしますが、ここで先ず理念と政策との関係を示しておくことにします。その改革を伴う五つの政策とは「米価安定策」「産業振興策」「税制改革」「通貨政策」「教育政策」であります。

第一の理念「国民の生活を安定させる」を達成させるには、国民一人ひとりが安心して食べてゆける世の中にしなければなりません。執政者の役目としては、食糧の量的確保と、米価の安定ということになります。

前出ツンベルクが長崎と江戸とを往復したのが安永五年（一七七六年）で、家治執政十七年目と将軍在位後半に当たりますが、彼は「この国は人口が多いにかかわらず乞食や貧人に逢うことは極めて稀である」と食糧が広く行き渡っている状況を述べています。

米の収穫量は、八代将軍吉宗の頃より十分に確保できるようになっていました。米価の安定については、幕府、諸藩による一斉買い上げ（囲い米）など、種々の対策をとったため、この期間の米価は非常に安定していました。

以上により「米価安定策」が適確に機能し、量的にも価格の面においても、幕府はその役割を十分果たしていたといえます。

一方米の生産者である農民の暮らしはどうなっていたかというと、年貢率は低減傾向にあり、農民の取り分が増え、また農閑期に副収入を得ている農家も増加し、総じてその生活は豊かになっていました。このように食糧は国民全般に行き渡り、米価の変動幅は小さく安定していて、第一の理念は達成されたと見て良いでしょう。

次の理念「国と国民を裕福にする」件では、先ず鎖国状態の日本という国をどういう手法で豊かにしたか検証しましょう。

幕府の発した令などからの推察であるが、オランダ、中国、朝鮮といった日本の限られた貿易相手国の需要状況を適確に把握した上、輸出用の素銅、金・銀・銅製品、漆器類、海産物、絹織物、陶器などの生産を奨励し、産業を振興させている。これだけでも国と国民は大きな利益を得たのであるが、このときの幕府の執った政策はそんな単純なものではありませんでした。それは「産業振興策」「税制改革」「通貨政策」の三つの政策が関連した高度なものでありました。そしてこの三つの政策はうまく絡み合って、不景気のどん底から一転、過去に経験したことのない程の好景気をもたらし、国と国民を豊かにしたのです。

これらの政策の推進役となったのが「株仲間」であります。

先に「産業振興策」「税制改革」「通貨政策」がうまく絡み合っていた旨記しましたが、株仲間がどのように関連していたか具体例を挙げ箇記してみます。

・幕府および諸藩のとった「産業振興策」により、地方に産業が興り多くの物資が生産されるようになった。地方の生産物は運送業を営む株仲間によって消費地へ運ばれ、消費地では販売業の株仲間がその産物を手際よく売却した。

・夫々の株仲間は冥加金等という税金を幕府、または藩に支払った。その代わりに幕府、藩は彼等株仲間に営業の権利を与え、それを保証した。こうして新税を徴するシステムが定着し「税制改革」が平和裏に行なわれた。

・景気が良くなり物資が大量に売買されれば当然金銭が動く。従来の非効率な通貨は経済を渋滞させる。そこで従来の通貨とは発想を異にする、使い勝手の良い表示通貨を発行した。両替商の猛反対があるも民衆の支持を得て「通貨政策」が成功した。

以上のとおり複合的に政策が打ち出されていますが、この三つの政策はどれも画期的なものばかりです。現在の我々から見て、よく国民が素直に従ったものだと感心させられます。

なぜできたかと言えば、国民と幕府との信頼関係が良好であったからではないかと思われます。家治は自分の生活の本拠地である江戸城大奥の経費を三割強カットして倹約に努めています。それも質素倹約で名高い吉宗の大御所時代と比べての話であります。

後の話でありますが家治が死亡し、田沼意次が罪人とされた時、その罪状に「上様に差し上げる御膳部やお召し物全て粗末過ぎる。倹約と吝嗇《りんしょく》(けち)の区別わきまえないのか。」というのがありました。しかし徳川実紀には家治自らが倹約を呼びかけている記述が随所にみられ、田沼の指示とは思われません。

トップの将軍がそれほどまでの倹約をしているので、江戸城内全体がそれに倣っていたと想像がつきます。執政者が国民の理解を得るには、こうした陰の善行が必要なのではないでしょうか。こうした善行がもれ伝えられた時こそ、大衆がその執政者の言い分を真摯に受け止めるのだと思うのです。

この時代を謳歌した俳人与謝蕪村の句に「畑《はた》うちや法三章《ほうさんしょう》の札《ふだ》のもと」があります。これは中国の故事を連想して句にしたものです。解説すると〔漢の劉邦が善政を布いた時、法律を三章のみで治めたといわれているが、国民と執政者との信頼関係が良ければ法は三章で十分である。それと等しい政治が今行なわれている。〕との意味であります。いかにもこの良き時代を満喫した蕪村の吐露の句といえましょう。江戸時代の財政状態の記録をたどると、幕府の貯蔵金が最も増加したのが安永期となっています。そのことは幕府の経費節減と諸政策が、的確に機能していた証拠でもあります。以上みてきたように、人々の暮らしも国の財政も非常に良くなり、第二の理念が達成されたといってよいのではないでしょうか。

あと一つの理念「賢民の育成」については、どのような政策が施されたのでしょうか。国民を賢くすること、そして結果として外国の侵食を防ぐというものであります。

この章の冒頭に「愚民政策を執っていれば国を治めるには苦労しないが外国に侵食される」これを防ぐため、吉宗と家治は愚民政策を執らなかったと記しました。ただ吉宗の時は生活がいっぱいで、国民に学ぶ余裕がなかった。家治は先の二つの理念により、国民に学ぶ余裕を持たせたうえ自由に選択させている。家治の教育政策で特筆されるのは、教育の自由であります。先にも記しましたが蘭学を始めとし、それまで禁止されていた各種学問が誰でも自由に学べるようになったことであります。

生活が安定し、ゆとりが生じた場合日本人はどうするでしょうか。余裕資金で遊ぶか、または自分を磨くか。当時の日本人は両方を、しかも活発に行なっているのです。したがって遊びの場所も、学校も、心身を磨く剣道場なども非常に多く造られ、どこも活気にあふれていました。

遊びの場は吉原に代表されますが、最も栄えたのがこの時代であります。自分を磨くもの、いわゆる勉学の舎である、藩学校・私塾・寺子屋および剣道場がこの頃急増しました。各藩が競って立派な藩学校を作ろうと努力しています（＊3参照）。第六章、武術・剣道（防具と共に発達した剣道）にて示しますが、この頃から剣道も盛んになっています。

それと人間形成に貢献したものに「心学」（＊4参照）があります。この「心学」は、神、儒、仏の教養の良いところを抜き出して、女子や子供にも分かり易く教える学問であって、賢民政策にはうってつけのものでありました。

この頃の学問のレベルはどの程度であったでしょうか。

詳しくは第六章に記しますが、ほとんどの学問において最高の域に達しています。

向学心のある人は誰でも、自分に適している学問を学ぶことができたので、どの学問においても、また士農工商どの階層からも立派な人物が輩出しています。

国民に国防という意識が高まり、経世学も急速に発達しました。工藤平助が「赤蝦夷風説考」を著したのがちょうどこの頃のことです。この学問を認める幕府はあまりなかったのですが、当時は何のお咎めもなく、学究達は自由に議論を戦わせていたのです。賢民を育成する政策は図に当たり、国民全体の知的水準は一気に向上したのです。

このようにして三つの理念に基づく五つの政策は、大きな改革を伴いながら実施され、成果を上げていったのであります。

輻輳した政策には、それに携わる多くの人材が必要となります。次にその人材を記すことにいたします。

家治を補佐した幕府閣僚

宝暦十年（一七六〇年）時点の重要人物の役職、年齢（満年齢）等を次に示す。

徳川家治　二三歳　十代将軍　同年（一七六〇年）五月就任

徳川家重　四九歳　大御所　前将軍、翌年（一七六一年）六月没する。

松平武元　四七歳　老中　先代より引き続き老中、老中首座を長年務める。

秋元凉朝　四三歳　老中　前職、西城の老中、同年四月より老中となる。

松平輝高　三五歳　家重付老中　翌年より本城の老中となる。

板倉勝清　五四歳　側用人　前職、若年寄、同年四月より側用人、一七六九年より老中。
田沼意次　四一歳　側用取次　一七六七年より側用人、七二年より老中となる。
阿部正右　三七歳　奏者番兼寺社奉行　同年十二月京都所司代　一七六四年より老中。
松平康福　四一歳　奏者番　同年八月大坂城代　一七六三年より老中となる。
石谷清昌　四五歳　勘定奉行　一七六二年より七〇年まで長崎奉行兼任
川井久敬　三五歳　小普請組頭　一七六五年勘定吟味役、七一年より勘定奉行となる。
以上活躍した人達を示したが、これ以外にも活躍した幕府閣僚は数多くいるも紙面の関係から割愛させていただきます。
次に家治を補佐した閣僚の中において、特に活躍の目立った人物を二～三取り上げながら、当時の政治組織などを簡単に記しておきます。
まず家治将軍在位中、長期にわたり老中首座を勤めた松平武元（※6）の周辺から見ておくことにします。
江戸時代の政治組織をみると最高権力者は将軍であり、次席は老中首座（大老在籍の際は大老）であります。この頃老中の数は四～六人ほどでありました。
家治が将軍に就いたときの老中首座は堀田正亮（四八歳）でありましたが、彼は翌年の二月八日没してしまいました。その後首座は、酒井忠寄および松平武元等になるのですが、ここに取り上げた松平武元は若くして八代将軍吉宗、九代将軍家重に使え、延享四年（一七四七年）家重執政時、老中に着いた実力者でありました。そして家治執政下の老中首座の多くを、この武元が勤めています。

彼は安永八年、六十六歳で没しますが、死の直前まで老中を勤めています。内政、特に老中の意見をまとめるという役を約二十年も無難に行なったのです。家治が諸改革に取り組むことができたのは、通常の政治を安心して彼に任せられたからとも言えるのです。

次は板倉勝清（※6）でありますが、彼は若い新将軍を支える役として、家治が将軍に就任する一か月前に若年寄から側用人になった人物であります。

将軍に執政能力がある場合は、老中首座よりむしろ将軍側近者の能力の方が重要となります。今まで述べてきたように、家治には執政能力が十分備わっていたので、この時点で補佐役としての能力を最も求められた人物は、側用人の板倉勝清ということになるのです。

勝清は武元と同様、若くして吉宗、家重に使えた能吏でありました。側用人という役職は文字通り将軍の御側に常時侍り、将軍を補佐するという精神的にも肉体的にも厳しい役であったのですが、勝清は老齢にもかかわらず七年間勤め上げたのです。その後二年間、西城の老中となり一休みしています。しかしそれもつかの間、明和六年（一七六九年）八月には、また本丸の老中に戻され、安永九年（一七八〇年）没するまで家治の補佐役を勤めさせられるのでした。家治にとってはなくてはならない存在であり、享年（満年齢）は七十四歳と高齢でありました。

そして勝清の部下に、田沼意次（※６）という人物が側用取次として控えていたのです。勝清は能吏ではあったが高齢であり、体力的に無理のきく状態ではありませんでした。その点、意次は勝清より十三歳若く、四一歳という働き盛りで、その上、先代家重の側近（側用取次）として政治に携わったという経験があったので、家治には使い勝手の良い人物でありました。

意次は勝清にも気に入られていた模様で、勝清のあとを追うように出世していきました。勝清が治めていた遠江国相良藩（現静岡県牧之原市）は、勝清の国替えにより本多忠央《ただなか》が次の藩主となるも、郡上一揆に関わる不祥事に連座し、領地没収の状態となっていました。その地を意次が譲り受け、相良藩一万石の藩主となったのであります。それは先代家重の時代のことであったのですが、家治の代になっても出世を重ね、石高は最終的に天明五年（一七八五年）五万七千石までになっています。役職に関しては明和四年（一七六七年）勝清の後任として側用人となり、さらに明和九年老中となりました。

このように意次は家治及び勝清から絶大な信頼を得て、持てる能力を存分に発揮しました。しかし、これまでの記述でわかるように、意次は優秀ではありましたが忠実なる幕史の一人であり，それ以上でも以下でもなかったのです。

そのほか家治に信任厚い人物は、外交面において勘定奉行石谷清昌がいました。

彼は家治の特命により宝暦十二年長崎奉行を兼任し、長崎と本城（幕府）を掛け持つという大変ハードな役に就いたのです。

日本の唯一の貿易窓口となっている長崎は、江戸と遠隔地のため、なかなか目が届かず、外国人の言うままになっていました。しかしこの状況が一変したのです。それは貿易相手国の記述、いわゆるツンベルクの「日本紀行」及びシーボルトの「日本交通貿易史」の次の記事がそれを物語っています。

前者には「船長の服」という項目に「(今までは) 船長と商館長は検閲を受けなかった。船長は服の中に密輸入品を隠し、日に三度往復した。数千リクダール (一両が約六リクダール、現在価格に換算すると例えば三千リクダールならば約六千万円) 儲けていた。しかし今回は (その大きな服は) 無駄になった」。船長も商館長も検閲を受けるようになったため、隠し持って入ることができなくなったのです。

後者のシーボルトは後の代に来日した人ですが、その記述には「(以前はおもしろいように儲かっていたが) 今や日本の貿易について商社 (オランダ側) は利益より損失を蒙るようになり・・・」とある。このように様変わりした時期が、石谷の勘定奉行 (長崎奉行兼務の時期を含む) 在籍時と一致しているのです。

普通このように一方的に日本側が条件や取締りを厳しくすれば、相手から苦情が出るものであります。しかしツンベルクは、日本側のこうした態度に対し「奸策を弄して日本人から軽蔑を招き、日本人に嫌厭の情を起こさせているのはヨーロッパ側の方である。日本人とヨーロッパ人との交渉がこれまで度々変化を見たとしても、その変化の罪を日本人に帰するのは間違いである。日本人は自ら条約を先に破ったことは決してなく、条約中のただの一語さえ変えたことは決してないのだということを我々は認めなくてはならない」と言い、日本側の急変に一定の理解を示しています。

ツンベルクが来日した時は、石谷の長崎奉行兼任はすでに解かれていました。しかし勘定奉行という幕府中枢の要職にあったので、外交面も依然として影響力を有していたものと思われます。

この外交面と同様、新通貨発行に関して家治に信任を得ていた若手官僚がいました。名を川井久敬《ひさたか》という。彼は小譜請組頭という下役であったが、明和二年（一七六五年）新通貨の専門職として勘定吟味役に抜擢されました。さらに同八年勘定奉行に進んでいます。安永四年（一七七五年）御三卿の田安家家老を兼ねますが、同年十月に没してしまいます。

彼の勘定吟味役、勘定奉行の間に画期的な新通貨が次々生まれるのです。詳細は第五章で記す。

川井久敬は五百三十石の小普請組頭という低い身分の者でありましたが、上記実績を上げて家治に認められ、勘定奉行にまで出世しています。一生懸命努力し、良い仕事をすればそれに見合った出世ができたのです。

以上に記したごとく、家治の下には優秀な部下が数多くおり、そうした人たちを上手に使って種々改革を行いました。家治は、先に列記した幕臣だけでなく、優秀な若手をどんどん抜擢しています。水野忠友（二九歳）、松本秀持（三一歳）、稲葉正明（三七歳）、久世広明（二九歳）、赤井忠晶（三四歳）などがそれで、後に彼らは大いに活躍しています。

さらに家治はもっと先を見据えて、優秀な子供たちを教育しようとしていました。徳川実紀の明和元年閏十二月十六日の箇所に「年久しく勤仕せる諸士の子供または才能ある子供、百三人が召し出さる。両番へ十四人、大番へ六九人、小十人へ二十人入る。」とある。優秀な子供を教育し、育てようとする家治の目論見がよく表れている記述であります。

大きな改革をするには、多くの優秀な補佐役が必要となります。家治は地位とは関係なく優秀な人物にはそれに見合う仕事を与え、力を発揮させました。ただ能力主義に慣れていない江戸時代にあっては、こうした人事はむしろ異端とみられたのです。家柄等を重視する人々にとってはおもしろくなく、後にその不満が爆発しクーデターとなって現れるのです。第七章にて詳記する。

上手に人を使うことで見逃せないのが、全国三百藩の藩主を動かしたことであります。その模様は次の第四章で詳記しますが、要するに藩主たちに権限を委譲し、夫々の藩を活性化させたということです。家治の意向を汲み、真摯に取り組んだ藩主は大きな成果を上げ、名君と称されています。名君と呼ばれる藩主がこの時期輩出されたのは、そうした事情からでありましょう。

家治は「国と国民を裕福にする」や「民を賢くさせる政治」の理念を達成させるため配下の者を教育すると共に、レベルアップした彼等補佐役の能力を最大限活用したのでした。

第四章　中央集権から地方分権へ

規制緩和と地方分権

　もちろん規制緩和、地方分権という言葉はその当時なかったのであるが、同じ意味のことが行なわれたので分かり易くするため、あえてこの言葉を使用した。

江戸時代は将軍に権力が集中する専制政治の時代でした。将軍の意向一つで藩主の改易（領地没収等の刑）や国替えなどが行われた。そのため藩主たちは、将軍の勘気に触れないよう行動は控えめにしていた。

　従来のしきたりを踏襲し、新規のことは行わないのを良しとする傾向が長く続いた。そのため藩主たちには自ら考え、藩運営をするというノウハウは全くといってよいほどなかったのです。この藩主たちに新しい風を吹き込んだのが他ならぬ家治であった（既述）。

家治は、藩主たちに思う存分能力を発揮するよう仕向けたのです。藩運営の権限を藩主たちに渡し、法令に触れることがなければ咎めもしなかった。これが今で言う規制緩和と地方分権に相当するものです。

能力があり、独自色を打ち出せる藩主はいいとして、何のノウハウも持たぬ藩主たちは、権限を渡され、さぞ困惑したことであろう。では幕府はどのような方法により藩主たちに自主運営のノウハウを伝授したのだろうか。

幕府の採った方策は大きく分けて二つある。一つは幕府による奨励という形をとった直接的方法であり、あと一つは民力を活用して間接的に地方の生産力を引き上げたことです。前者は次の令から読み取れる。明和元年（一七六四年）三月十一日の令「中国に輸出する海産物は生産地により品質が様々である。良質の品を産している地を手本とし、極力良品を増産せよ。価格は幕府が保証し、買い取るので個々の売買は禁止する。該当するこれら海産物は免税とする。」（徳川実紀意訳）このように国策として取り組んだのです。

これは一例に過ぎないが、幕府はわが国で不足していて輸入に頼っているもの、および輸出品として売れるもの等の情報を藩主たちに流し、その藩に適したものの生産を奨励したのです。

直接的方法として幕府が特に力を入れ奨励したものに輸出用の海産物（干し鮑《あわび》、イリコ、鱶《ふか》の鰭《ひれ》、ナマコ、昆布等）、銅があり、輸入品の国産化対象の品としては絹織物、朝鮮人参があります。幕府の後押しがあったので各藩は、安心して生産に励むことができたのです。特に良質な物品のできる産地の藩やその地域の人々の収入は増加しました。

後者の間接的方法とは、民間の力を利用した産業振興であります。その頃は旅行などの制限が緩和されたことから大都市、特に三都（江戸・大坂・京都）には、多勢の人が集まるようになっていました。そのためそこは消費地となり、大量の品が消費されていました。

経済の拠点となった大坂には、商社的販売業の株仲間が多数おり、彼らは地方の生産者にどのような物を作ればよいか指導した。適地適材を見極める目を持った彼らは、どの地方はどんな産物が適しているかを調べ、その地に合った産物を作らせたのです。買い主の指導の下に生産するので、地方の生産者たちは、安心して生産に励みました。幕府は彼ら株仲間の行動を監視し、価格の適正化と不正の有無のチェックを常に行なっていました。

地方の各藩は競って名産品などを生産するようになった。現在に残る各地の名産品は、この頃を創業とするものが多いのはそのためです。株仲間の目利き達は、良い製品には惜しみなく金を支払った。特に織物、漆器類、陶器、和紙、銀・銅器などの製品は競争が激しく、値段に差がついた。そのため生産地はどこも、より良い物を作ろうと必死で頑張った。そしてより良い製品を生産した地域は、ブランド名が付く等有利な条件を得たのです。

最後に、家治が地方分権した真のねらいはどこにあったかを探ってみる。それは能力のある藩主達に思う存分、もてる能力を発揮させることではなかったか。藩主およびその家臣に知恵を絞らせ、最高の藩運営をさせようとしている。この時は藩主のみならず、家臣からも歴史に名を残す人物が大勢出ている。藩改革にしても斬新な手法が多くの藩にみられる。以下に示す上杉治憲や毛利重就が行なったドラマチックな藩改革など、他の将軍のもとでは改易がこわく絶対にできないものであった。乾坤一擲実施したその改革により、両藩とも見違えるように良くなっています。この時代は藩のお取り潰しや改易はほとんどなく、思い切った藩改革ができたのでした。

今まで名君と讃えられていた人たちにのみスポットライトが当てられていたが、実はその陰に最大の功労者が隠れていたのです。家治がいなかったら、この人たちは世に出ることはなかったでしょう。

各地に名君現わる

名君とは藩の財政や領民の暮らしを良くしたり、学問を奨励したりして善政を布いた藩主のことを称するのであるが、江戸時代を通して名君の最も輩出されたのがこの時代であった。それは地方分権が成功した証しでもある。以下代表的な名君を紹介する。

上杉治憲《うえすぎはるのり》（鷹山《ようざん》）（一七五一〜一八二二）米沢藩（山形県米沢市）十五万石

治憲は日向高鍋藩《ひゅうがたかなべはん》（三万石）秋月種美《あきづきたねみ》の次男として生まれる。宝暦十年（一七六〇年）米沢藩（十五万石）上杉重定《うえすぎしげさだ》の養子となる。明和四年（一七六七年）重定のあとを継ぎ米沢藩主となった。米沢藩を治めた上杉家は、もと百二十万石の大藩であった。それが上杉景勝の代に徳川家康に敵対したため、家康が将軍となった慶長六年（一六〇一年）三十万石に減封され、居城も会津から米沢に移された。米沢は家臣直江兼続《なおえかねつぐ》の城下であったが兼続は米沢城を景勝に譲り、その地を米沢藩とした。

同藩はその後も減封があり、治憲が藩主となった時は、十五万石になっていた。しかし暮らしぶりはもとの大藩のままでいたので、治憲が藩主となった時は、財政窮乏その極にあった。

治憲は、藩主となるや即座に財政再建に取り掛かった。しかし家臣の多くは、彼が小藩から来たことと、若年なのを侮り、その改革をことごとく妨害した。治憲は少数派ではあったが改革に前向きな藩士を集め、彼らの意見を克明に聞き、隠居重定の同意を得たうえ改革を妨害していた七人の家老を処断した。

こうした行為は、従来であればお家騒動という名目で、即改易となっていた。しかし時の幕府からは何のお咎めもなかった。ここが、従来の幕府と決定的に違うところである。

当時幕府からは、全国の藩に向け、その地の執政状況を調査する巡見使が数多く放たれていた。将軍家治が巡見使から各地の情報を得ていたということは、徳川実紀の随所にみられる。幕府は米沢藩のこうした一連の行為についても、当然承知していたはずであり、無知による咎めなしとは思われない。

その後、米沢藩の藩改革は着々と進むのであるがその過程を見ると、まず藩主自らの生計費を千五百両から二百九両に、奥女中五十人を九人に減じるなどして経費を節減し、養蚕、機織（米沢織）、製塩、製紙、製陶の各種産業を興し、財政の建て直しに成功している。続いて藩学校、興譲館、武館を設けて文武の振興に努めている。また、人口の増加策（堕胎を禁止、他領からの来往者歓迎、結婚出産の奨励）などにも努め、藩興隆に効果のあるものは全て取り入れていった。このようにして善政を重ねたので、世間は江戸時代を通じ第一の賢君と称えたのです。

彼は天明五年（一七八五年）三四歳で隠居し、前藩主重定の実子、治広に藩主の座を譲るが、その後も治広を援けて藩政に尽くしている。鷹山は隠居後の名である。

細川重賢《ほそかわしげかた》（銀台侯《ぎんだいこう》）（一七二〇～一七八五）肥後熊本藩（熊本県熊本市）五四万石加藤清正が興した藩として知られる。

細川重賢は、細川家の五男であったが、藩主であった兄（四男）が突然没したので、その跡を引き継いだのである。

重賢が藩主に就いた当時、延享四年（一七四七年）の熊本藩の財政は逼迫しており、大坂の金貸しからも相手にされない状態であった。彼は能臣、堀勝名を重く用い、藩政刷新に乗り出した。特に重賢が力を注いだのは、当時の明かりに用いられていた蝋《ろう》と、その原料となる櫨《はぜ》の生産であった。これが当り、藩は「櫨方役所」を設置し、専売品として育て上げ、大坂の問屋に売り渡すという方式をとった。

そのほか養蚕と機織、阿蘇山硫黄の採掘、植林などを薦め、また他国酒の移入を禁じ、自藩で生産できるものは全て自給するよう徹底させた。領民に対する教育面は、城内に藩校時習館を建て、続いて演武館、医学館を新設するなどして文武を奨励した。そのうえ賦税を軽減するといった徳政を敷いたので、かって三百藩の中最悪の藩といわれた熊本藩が、最良の藩といわれるまでになったのです。重賢は本草学者としても高名で「原色博物図譜」の著者として後世にまでその名が記されている。そして世間は彼を「銀台侯」と尊称してたたえ、領民は「殿様祭り」をしてその徳を慕ったという。

毛利重就《もうりしげなり》（英雲公《えいうんこう》）（一七二五～一七八九）長州藩（山口県萩市）三六万九千石

毛利重就（天明七年以後、しげたかと呼ぶ。新将軍家斉に遠慮してなり《なり》をたかに変更。）は長州藩の支藩、長府六代藩主毛利匡弘の十六子。享保二〇年（一七三五年）長府第七代藩主、師就が没したので、重就が八代藩主を継承していた。宝暦元年（一七五一年）本家長州藩七代藩主毛利宗広が没し、その遺言により重就が八代藩主となった。

毛利家は戦国時代、毛利元就が出て、わが国最大級の大名となった。石高はその子輝元の代百二十万石となるも、関が原の戦で敗れた西軍の総大将であったことから、その後三六万九千石に減封させせられてしまいました。

重就が藩主となった時は財政苦境の最中であった。彼は就封と同時に財政再建に取り組み、内には厳しい倹約令を出し、進んでは新田を開拓、荒廃田の復旧を行なった。このように領地を整備しておき、そのうえで「広狭《こうきょう》はかり」というものを使い農地を調べなおした。その結果六万石の余裕地と八千石の欠損地が判明した。このうち四万石から上がった収益を歳入外として別管理することとした。これを「撫育方《ぶいくかた》」と称し、ここで港湾整備、塩田開発などの事業を行なった。これは重就の見込みどおりに成功し　ここから得た収益は防長二州の文化向上、経済発展、社会施設の拡充等に使用され、また藩の不時の出費に支弁されるなど大いに役立った。

これは彼の在世中だけでなく、死後も年とともに大をなし七～八十年後、長州藩の勤皇運動活躍の原動力となったのです。そして毛利氏中興の主「英雲公」と尊称されたのであります。

島津《しまづ》重豪《しげひで》（一七四五～一八三三）薩摩藩（鹿児島県鹿児島市）七二万九千石

島津重豪は薩摩藩第七代藩主島津重年の長男。宝暦五年（一七五五年）父重年死去のため相続、十歳にして薩摩藩主となり、三年後の宝暦八年、元服して重豪と名乗る。

彼は若くして藩主になったので、祖父や外祖父に援けられ藩政を執り行なった。十八歳になりようやく独り立ちできるようになった重豪は、藩財政に拘らず人材育成に力を入れていった。

自身もよく学び、中国語、オランダ語まで習得し、領民に対しては造士館、演武館、医学院などを新設して教育の普及に努めた。この人材育成の流れはその後もずっと続き、幕末の維新回天の推進力となり、明治政界の指導者となった人たちを育てている。

重豪は同じ九州ということもあって長崎にはよく出かけ、覚えたオランダ語を使ってオランダ商館長などと交流を深くし、オランダ渡りの品を好んだので蘭癖《らんぺき》大名と渾名《あだな》されたという。

中国語では「南山俗語考」を著し、その堪能振りを示し、その他図書では「島津国史」「質問本草」などを著している。

安永五年（一七七六年）七月、重豪は三女茂姫（始め篤姫）を一橋家の長男家斉に嫁がせた。幸運にもその家斉が将軍位に就いたので、それに伴い彼女は将軍御台所《みだいどころ》となった。したがって重豪は将軍の岳父となり、絶大なる権力を得たのです。人々はその権力や振る舞いをみて、高輪下馬将軍《たかなわげばしょうぐん》と称するようになった。

天明七年（一七八七年）長男島津斉宣《なりのぶ》に藩主の座を譲るも、実権は重豪が握り続けた。晩年になり調所広郷《ずしょひろさと》を重用し、ようやく財政再建に取り組んでいる。彼は非常に長命であり、曾孫の斉彬《なりあきら》の教育にまで当っている。シーボルトを薩摩へ招いた時など斉彬を一緒に会見させるなどして教育し、大成させています。

斉彬は重豪を尊敬していたので、重豪が将軍岳父となり中央幕府内において幅を利かせたようにそれを見習い、自分も養女篤姫《あつひめ》を十三代将軍家定の御台所として送り込み、同様の思いをしている。その篤姫は聡明であったので夫の家定や次期将軍家茂を支え、立派な生涯を全うしたのは多くの人の知るところであります。

以上四名の名君を紹介しましたが、家治が将軍に就いた頃の財政はどの藩も似たような状態であったと推察されます。彼等の改革前の状況は、現在のわが国地方自治体の財政状況と酷似していたようです。なぜなら藩の収入源は農民の納める年貢のみであり、多くの家臣を養っていくには借金に頼らざるを得なかったからです。

その後、幕府と藩は、現在の言葉で言えば「地方分権と規制緩和、中央官僚の的確な指導と各自治体の知恵」により財政を立て直し、この難局を乗り切っています。グローバル化した現在とは異なるも、この時の政治には参考にすべき点が多々あるように思われます。是非、活かしていきたいものです。

第五章　画期的政策の内容

物価安定策

米価と諸物価への対応　米価および諸物価を論じる際は正常時と、天変地異などの異常時に分けて話すのが常であるので、本書もそれに倣い記すことにする。

家治の将軍在位は二六年間であるが、これを正常時の宝暦十年（一七六〇年）から安永九年（一七八〇年）までの二〇年間と、異常時の天明元年（一七八一年）以降の六年間に分けて検証する。

先ず始めに正常時の米価対策を記します。

家治は将軍に就くと間もなく「囲い米」の令を出し、幕領及び諸藩に米の備蓄を義務付けている。家重時代後半からその頃まで米の値段は下がり続けていて、歯止めが効かない

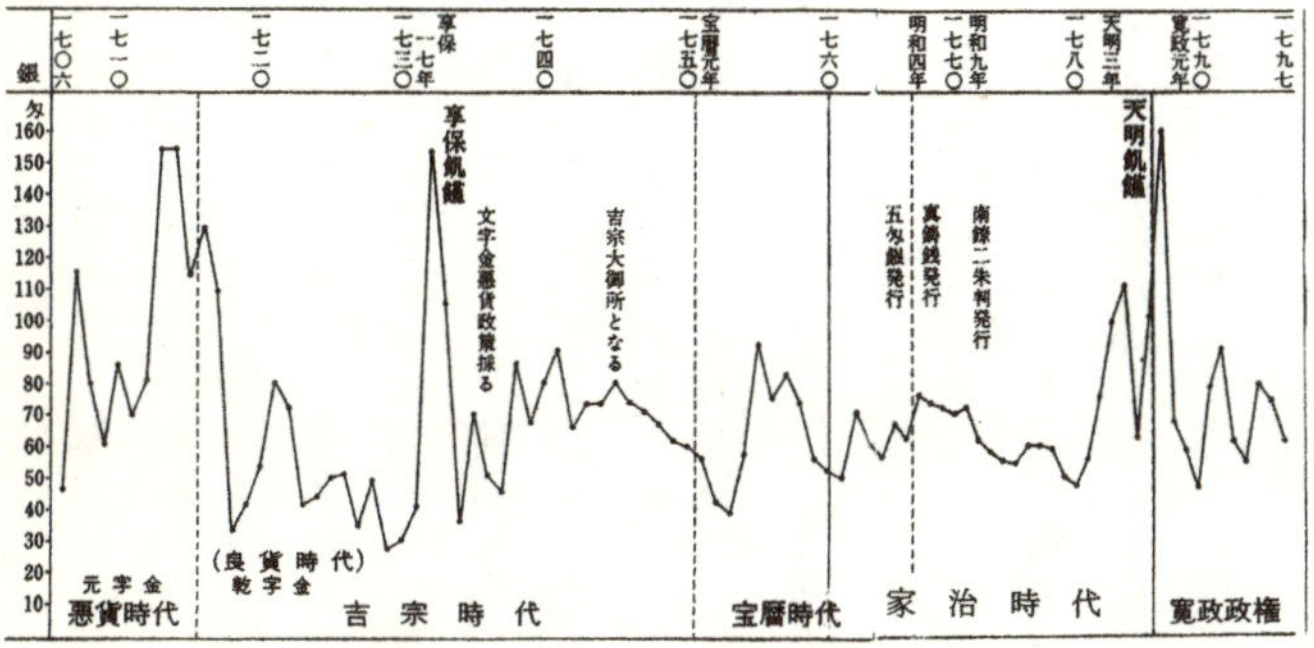

徳川中期米価異動表　大阪市場—石代銀

状態にあった。しかしこの「囲い米」の令で、幕府と各藩が一斉に買い上げたので、その下落はようやく収まったのです。

明和元年（一七六四年）になると、今度は米が値上がりしだしたので、その状況を見て囲い米の義務付けを解き、各藩の判断に任せることにした。

その後米価は若干下落傾向を示すが、幕府はここで「五匁銀」という新通貨を発行したのです。新通貨発行は物価上昇（インフレ）を引き起こす畏れがあるので、幕府は慎重に発行しています。

新通貨発行後、米価は一時的に若干の上昇をみるも、その発行額が比較的少なかったので、その後は落ち着いている。

安永元年（一七七二年）五匁銀に替えて、「南鐐二朱判」という新通貨を発行した。この時は米価には全く影響なく、かえって下落の方向に向かっている。

そこで安永三年、各藩に対し再度「囲い米」の令を出すが、それは「今年豊作ならば十分の一を囲い米とすること」との令であった。この令は安永七年夏の異常低温による米の不作の際解除となっている。

このようにして幕府は米の値段には常に配慮し、安定を図り、別表「徳川中期米価異動表」のごとく、最も変動の少ない良好な状況を保ったのです。

また米以外の諸物価ですが、販売業者で組織する株仲間たちを幕府および藩が監督し、不当な高騰を抑えたので大きな変動はなかった。

次に異常時の米価対策を記します。

本書では天明元年（一七八一年）以降を異常時としましたが、実はその数年前より異常気象により米の収穫が減っていた。それ以後も不作はずっと続き、天明三年、浅間山の噴火という最悪の状態を迎えるのです。これを放置しておけば当然米の値は上がってしまいます。その時幕府は三段階の対策をたてています。いわゆる緊急、中期、長期の策であります。

緊急対策には下記の四つの方策がとられました。第一、困窮している人たちに「振るまい米」を施す。第二、米の買い溜め禁止令の発令。第三、被害甚大の藩に「恩貸」と称し金を貸し与える。第四、倹約令の発令。以上の令をすばやく発令しました。「徳川中期米価異動表」をみると、天明元年から浅間山が噴火した天明三年まで米価が急騰するも、上記緊急対策により下落しているのがわかります。しかし天明六年、家治が死亡しその政権が倒れると、一時無政府状態となってしまい、せっかくの緊急対策が無効化され、再度高騰してしまいます。見方を変えれば、幕府が何もしなければこのように高騰するのだということが証明されたのです。

話を戻し、その時の政権（この時は宰相を家治の弟、重好に任ずるも実質は田沼意次が代行していた＝第七章に詳記）、いわゆる田沼意次政権のとった中・長期対策を検証してみることにする。

上記緊急対策を施しても、米の絶対量が不足する中での効果は限定的であります。そこで幕府の用意したのは、時間は要するが、食糧の増産につながる次の中・長期の対策であった。

中期対策の印旛沼・手賀沼の開墾、長期対策の北海道の開拓であります。この二つの対策は、夫々の計画書を見ると、その実現性は極めて高いものであったのです。そしてこれら大事業は、驚くほどのスピードで進められていたのですが、残念なことにその後の政権交代などにより完成をみるまでにはいたりませんでした。その間、米価は「徳川中期米価異動表」に見られるごとくはげしく変動するも、地球規模で生じた災害の規模から見れば、許容の範囲に収まっていると言えるのではないでしょうか。天変地異および田沼意次政権の詳細については第七章にて記します。

産業振興策

特産品と新流通システム　先に幕府が地方の産業を振興させるのに、二つの方法を用いた旨記しました。これを産業振興策という観点から再度取り上げることにします。具体的には一つは幕府の命令により産業を興させるというもの、後一つは株仲間と呼ばれた民間の力を借り産業を振興させ、幕府がそれをチェックするという方法であります。

先ず幕府の命令によるものから見ていくことにする。

幕府の令により産業を興す対象の品として輸出入品がある。その内代表的なものを挙げれば輸入品の国産化可能物品としては絹織物、朝鮮人参があり、輸出品は銅、海産物がある。

輸入品の絹織物は従来からわが国においても生産されていたが、その規模は小さく、概して輸入品に頼っていた。それを国産に切り替えようとしたのです。蚕の餌になる桑は、その栽培の規制が緩和されたので、国内至る所において栽培されるようになった。それに伴い各地に養蚕《ようさん》、生糸製造、機織《はたおり》の産業が興った。

先出の上杉鷹山の米沢藩における米沢織も然り、また宮津藩及び峰山藩の丹後縮緬、彦根藩の長浜縮緬などは藩の特産品として生産されるようになった。また桐生のように小規模であった産地も、旺盛な需要に応えるため規模を拡大していき一大産地となった所もある。

同じ輸入品の国産化でも朝鮮人参は絹織物とは異なっている。なぜかといえば栽培に適している地を探すのに難があるからだ。この朝鮮人参は八代将軍吉宗の時代に取り組んだが、あまり成果が出ていなかった。

徳川実紀をみると幕府は宝暦十三年（一七六三年）六月、本草学者田村元雄《たむらげんゆう》（同実紀では医、田村玄雄）を小普請に取り立て、公的機関による朝鮮人参栽培を本格的に開始した旨の記述がある。同年七月には元雄を上野、下野、陸奥に派遣し、その栽培が可能か調べさせている。

試行錯誤の上ようやく国産化に目途をつけた幕府は、朝鮮人参（国産・輸入品共）を幕府専売品とした。神田紺屋町に朝鮮人参座を設置し、売買は勘定奉行の管轄下で行なうようにしている。

また同年、元雄は弟子の平賀源内と共に物産会を開いたが、その時源内は出品物をまとめた「物類品隲《ぶつるいひんしつ》」という本を出版した。そして付録に「(朝鮮）人参栽培法」と「甘藷培養並に製造方法」を付けたが、その付録は大変好評であったといわれている。

また当物産会の引き札《ふだ》（広告ちらし）に源内は、次の旨の文を載せた。「今まで薬草や朝鮮人参などが大量に外国から輸入され、その対価として金銀が海外へ流出していた。こうしたものはわが国でも、くまなく探せばみつからぬともかぎらぬ。特に遠国の人々の協力を得たい。」とあり、これは幕府の考えと符合している。民間人にも国益という意識が浸透していたとみえる。

このようにして官民挙げて朝鮮人参増産を図った結果、曲がりなりにも国民の需要に応えられるようになり、その輸入は大幅に減少したのです。

一方、主な輸出品は銅と海産物ですが、幕府が特に生産奨励したのは海産物であることは既に述べた。この海産物は産業振興策において高い比重を占め、わが国に多大な益をもたらしたものであるが、その詳細は次項の「黒字になった貿易収支」にて記すことにする。次に幕府のとった民間の力を利用した産業振興策、及びそれへの幕府の関与の仕方について点検する。

その産業振興策とは、商人で組織する株仲間を核として、彼等を中心に産業を振興させようとする政策であります。

株仲間については前の章でも若干触れていますが、その詳細については次項の「国民に平等な税制」で記すことにします。ともあれ、幕府はこの株仲間を上手にコントロールして産業を振興させています。

この頃、大坂においてはほとんど全ての業種において株仲間が組織された。この株仲間は大坂において最も多く存在しているが、彼等は幕府や藩といった公的機関から「営業権」という株（権利）を得て営業することを特徴としていた。その株は大変有効なものでそれがなければその業を行なうことができず、違反者は罰せられるという仕組みになっていた。株を得るにはそれなりの費用はかかるが、それを得てしまえばその業者は、幕府等の公的機関に守られ、安心して営業に専念できるというメリットがあったのです。

大都市では各種興行が盛んに行なわれ、多くの人が集まり、そこは大消費地ともなっていた。持ち込まれた生産者を指導し、また必要に応じ金銭貸与までして、適地で良いものを大量に作らせ、地方の生産物は良い品であれば、いくらでも捌けたのです。株仲間たちは地事業を振興させた。こうして地方には産業が興り、そこでできた良質な品物は、特産品として株仲間により大坂へと運ばれた。一旦大坂に集められた各種の品は、全国の大都市、いわゆる消費地に送られていった。

いろいろな産物が大量に移動するので、しっかりとした運送業者が必要となった。それまでの運送業者は、陸・海ともにいくつかあったが、組織体として体をなしていなかった。ここにきて運送業者にも株仲間ができ、その業者達は公的機関のお墨付きを得て、しっかりとした組織に生まれ変った。

例えば菱垣廻船問屋は安永二年（一七七三年）に内分組合であったものを株仲間に改組し、信用力を増している。こうしたしっかりとした運送業者によって大量の品々は、確実且つ迅速に搬送されていったのです。大都市、いわゆる消費地には販売に携わる株仲間がおり、地方から運ばれてきた産物をスムースに販売した。桁外れに大量の物品が販売されたので、株仲間のうち成功した者は大財閥となり、彼らと取引した地方の生産者も大資産家となった。

例えば三井家の安永七年（一七七八年）の資産は、宝永七年（一七一〇年）の約六倍にも達している。このように江戸時代、大資産家とよばれた業者の多くは、この時期にその資産をピークにしている。また地方の資産家の数もこの頃が最も多く存在していた。

その間、幕府や藩といった公的機関はどのような役割を演じていたであろうか。

心配される好景気に伴うインフレ、大量の物資が移動するのに伴う交通渋滞、多額の資金移動による金融面への影響（送金事故、決済遅延）などに幕府は適切に対応している。

まずインフレに対応する価格・品質管理の面では、それを取り扱う業者の株仲間を監督し、価格の調整・談合の有無、製品・商品の点検、悪徳業者の締め出し等を行なっている。幕府や藩といった公的機関の介入により、商取引が健全化し、インフレは抑制された。

次の輸送面における交通対策では道路・橋梁・港湾等のインフラ整備を行なうと同時に交通ルール厳守の令を出し、交通渋滞の解消を図った。

また金融に関しては表示通貨の発行および、為替や手形（不定形）といった近代的な決済手段を認めるなど、資金がスムースに流れるよう配慮した。

このようにして幕府主導の下、懸念された案件はすべて取り除かれ、産業振興が活発化されていったのです。

黒字になった貿易収支　産業を興す際、上に立つ者（幕府・政府）は情報を的確に掴み、その情報を下（藩・地方）に流し、好条件を与え、産業が育つようにリードするのが良い方法と言われています。

この時は幕府主導で輸出品、特に海産物および銅の増産が図られたが、そこには相手国の状況を的確に把握した綿密な戦略が見て取れるのである。

他の幕府とこの幕府の差は対外的情報収集能力と、得た情報に対する分析力ではないかと思われる。主要輸出品の銅、海産物にしても、この幕府の手法は相手国の状況を事前に把握し、対応したことにある。

明和五年、朝鮮の要請により、向こう三年間の鋳銭用の銅二十万斤を輸出するという契約が成立している。本来の需要（朝鮮側の）は五十万斤であったものを削っていき、その数量で折り合いをつけ、決着するという経緯をたどっている。輸出品の中でも日本の銅は格別で、中国もオランダも日本の銅製品および素銅を必ず求めてきた。それほど日本の銅は魅力ある商品であったのです。この時日本の幕府は朝鮮において鋳銭用の銅が不足し、窮地にあるとの情報を得ていた。幕府は朝鮮が日本に頼らざるを得ない状況にあるのを見越して事前に産銅を奨励し準備するという抜け目のない手立てを講じていたのであった。

一方、清（中国）に対しては俵物と称する海産物の輸出を大幅に増やしている。その時も幕府は品質および味の良い日本の海産物が評判良く、飛ぶように売れているという情報を得ていた。こうした的確な情報があったればこそ、思い切った生産督励を出すことができたのである。

貿易はそれまで恒常的に赤字になっており、わが国の金銀が大量に海外に持ち出されていた。

家治はこの流れをなんとか食い止めようと考え、また国を富ませるには貿易収支の黒字化が不可欠であるとの思いからその改善に真っ先に取り組んだのです。

将軍になるやその方面に明るい勘定奉行の石谷清昌に長崎奉行を兼任させ、その改善を図らせている。（第三章にて既記）

清昌は、長崎貿易を既述のごとく不正行為が介入できない仕組みに改善しておいて貿易収支を赤字にならないよう工夫している。

オランダとは収支で支出超過の場合、先方の望む品にて支払い、最低でもゼロになるようにした。

中国への支払いは、先方の希望により品物で行なうこととし、主として銅と海産物を用いた。

主要輸出品の海産物は先記のとおり幕府が特別に奨励し、税金を免除するなどして増産を図らせたが、その生産方法にも工夫が見られる。

幕府が一元管理するようにしたので、どの地区のものが優れているかすぐわかるようになった。そして全国の生産地に優れた地区の技術を見習うよう指示を出している。海産物であれば無限であり、売り先が人口の多い中国であるからこれほど適した物はない。干鮑など沿岸でできる海産物は技術と管理が良ければいくらでも良品が作れた。いわゆる「育てる漁業」を実施し、先方の需要に応えられるようにしたのです。

それでは外国人は、日本の製品をどのように評価していたであろうか。前出ツンベルクは日本の産業全般および日本製品について「日本の産業は非常に活気がある。そのうち二、三のものは完全な点で欧州の産業を凌ぐものである。日本の鉄製品及び銅製品は非常に宜しい。絹布は仕事のよきことに於いて印度の絹布に譲らない。日本人の漆器の美に対抗しうる国人はいずこにもいない。」といって褒めている。

改めてこのときの産業振興策の優れている点を探ると、先ず幕府において日本の優位に立てる産業を的確に見つけていることである。次にその産業を育てるよう幕府が積極的にリードしている。これはと思う産業には税金を免除し、幕府が一手に買い上げる等の措置を講じ、生産者が安心して生産に集中できるようにしている。また産地間を競わせ、良品が生産されるよう仕向けている。結果的に国際競争力のある商品が大量に生産され、貿易に貢献したのである。

また外国との友好関係について言えば、極めて良好であったことが各種事跡から証明されている。従来あまり言われてこなかったが、外国との折衝の良否については、政治を語る上で最も重要視すべき課題であります。徳川実紀に家治が日頃どのような思いでいたか、が記されている。

家治が浴室にて、小納戸の根来内膳長郷に、近隣諸国との付き合い方の難しさを語っているくだりがある。「意思の疎通がままならず、朝夕やすき心もなし。」（長郷との会話の模様は長文につき詳しくは＊1参照）と言ったが、内膳は答えられなかった。このように外国との折衝には常に配慮していたのである。朝鮮通信使もこの時は、非常に友好的に迎えられている。

またツンベルクは著書「日本紀行」の中で「この国ほど外国人と上手に接している国はない」といって感心している。わが国には古来から、神国という思想があり、日本人の祖先は神であると考える人の多い中、家治はその思想に影響されず外国人を蔑視することなく公平に接していたため、自然と友好関係が生まれたのではないでしょうか。

当時の海産物の話に戻るが、貿易量と金額の計数については「長崎会所直買入取調書」に南部・津軽・松前地方の海産物年間輸出額がみえる。「いりこ産出十六万九千五百斤、其代銀六八八貫一七〇匁、干し鮑十四万八千五百斤、代銀四三〇貫六五〇匁、昆布一二一万二千五百斤、代銀四〇四貫九七五匁」この合計を金に換算すると二万五千四百両（現在価格にすると約三十億円強）になる。これは一地方のものであり、日本国全体としては不明であるがおおよその規模が窺い知れる。これらの代価として輸入した金銀貨は「唐・和蘭持渡金銀銭図鑑控」にみえるが、宝暦から天明に至るまでの合計は金六七貫三五二匁、銀八千二一六貫八一一匁と記されている（日本文化史別録四）。我々はこの計数の多寡を云々するよりも、流出一辺倒であった金銀が流入に変わったということの意義に、もっと注目すべきではないかと思います。

税制改革

国民に平等な税制　長い間わが国における組織立った税金は、農民の支払う年貢のみであった。したがって農民は士農工商といって武士の次の位に祭り上げられていた。庶民の暮らしが安定し、米以外の物資が商品化され売買されるようになると、職人や商人の得る利益が農民のそれを越えるようになった。当然「税」に関する不公平感が発生してくる。

幕府は農民から「税」に対する不満が出る前に、あらゆる業種から広く薄く徴収する方法を編み出し、実行に移したのである。しかもその徴収方法は、各業者が自分たちで纏めて一定の期日に持参するという徴収側からみれば、極めて効率の良いものであった。

一方重税に苦しめられていた農民からの年貢は、徐々に年貢率を引き下げ、バランスを取っている。まさに絶妙なタイミングで税制改革が行われ、しかも非常に近代的な税制となったのである。いかに専制政治の時代であったとはいえ、成熟した国家において全ての業種に新税が課せられ「納税者が納得の上で自ら持参する」など古今東西、耳にしたことはない。ではその新税と徴収の仕組みを見てみよう。

新税、それは株仲間等に課す運上金、冥加金のことである。これらはこの時代にできたものではなくそれ以前からあったものであるが、それを全業種に広げ、システム化したものである。

当時同業者が集まり組織した団体は、業種によりその名称を株仲間、問屋、組合などいろいろな使われ方をしているが、本書では便宜的に株仲間と総称することにした。この時代に入り、ほとんどの業種においてこの株仲間ができたがなぜであろうか。その原因は、株仲間を「価値ある組織」にしたことにある。株仲間に入れば営業権が与えられ、それが無ければ営業できなくなったのである。そして違反者は幕府や藩といった公権力によって罰せられることになった。

こうして幕府や藩は違反者を取り締まる代償として、冥加金等と称する「税」を受け取ったのである。宮本又次の「株仲間の研究」にある例を引用し、税としての仕組みを解説する。

明和七年（一七七〇年）菜種絞油屋が株仲間を組成した。株数、二五〇株、冥加金は初年度、五百両、翌年より銀七貫目（金換算一一六．二両）を納める。一般的に株仲間には行司等の役員がおり、その組織をまとめている。役員は個々の業者から冥加金を集め、毎年一定月（大部分が十一月）に役所へ持参する。冥加金の金額設定は役所と役員が交渉した上、折り合った金額で決定する。上記菜種紋油屋株の場合一株当たり当初二両、翌年より0．五両としたことになる。現在の価値に直すと（一両を十二万円とする）当初二四万円、毎年五万六千円宛支払うことで折り合いがついたことになる。株仲間がほとんどの業種に広がった要因は、妥当な金額で権利が保証されたからである。

前出宮本又次はその書において株仲間の特徴を「①警察的取締り　②対外貿易品取締り　③恩恵的特権授与　④配給量及び価格の統制　⑤新金銀（貨）の流通促進　⑥不正商行為の取締り　⑦特定事業の保護育成　⑧事業界における紛争除去、解決策　⑨都市繁栄、新地開発　⑩財政的収入増加策、以上は公的権力側の行為及びメリットであるが、付与される業者側のメリットは公的権力に守られ安心して業務に専念できること、業種内の仲間同士の競争が阻止できること、その産業の発展及び地域の繁栄が期待できること等である」と記している。

当初半信半疑で見ていた業者達も、幕府に対する信用度、費用対効果を勘案し「株仲間の権利取得」の優位性を悟り次々に組成していった。このようにして新税は大部分の業者から自発的に「お納め下さい」と差し出され、広く薄く徴収されていったのである。

通貨政策

日本初の表示通貨の発行　産業振興策の項で記した如く、当時、わが国の産業は急速に発展していた。地方で生産された大量の物資が大都市の消費地へと運ばれていた。それに伴い、通貨も大量に使用されるようになった。

しかしそれまでの通貨は使い勝手が悪く、また使用量に比し通貨量が少なく、増加させようにも主要通貨である金銀貨の地金はほとんど底をついていた。必要量の通貨が提供されないということは、経済発展の足を引っ張ることに通ずるものである。

江戸時代の通貨制度は、三貨体制といって金、銀、銭の貨幣から成り立っており、いつかは改革しなければならない状態になっていた。時の幕府はこの通貨に対しても、近代的手法を用い適確に対応している。その手法とはどんなものであったか以下に示す。

最初に主要通貨の金銀貨に焦点をあて見ていくこととする。

当時、金銀の鉱脈は掘りつくされ、その産出は微々たるもので、また貨幣の原料となる地金が幕府にはほとんどなくなっていた。このような時、従来の幕府は貨幣に銅などの混ぜ物を入れて増加させていた。この方法は貨幣の価値を下げインフレを喚起し経済混乱の要因を孕むものであった。

過去この方法をとって失敗したのが五代将軍綱吉の代と次の代である。綱吉の代は悪貨によってインフレとなり、経済の混乱を招き、次の代になって質を高めると、今度は通貨の価値が上り、物価を下げ、デフレを生じさせた。

これらの方法はどちらも弊害があり、また国民にもそれが解っていたので、貨幣が不足するからといって質を落とした通貨の発行はできない状態となっていた。

一方、金銀通貨の使用範囲も異なっていた。関西は銀貨を用い、関東は金貨を用いるという二重構造の経済圏が成り立っていた。経済の規模の小さい時期や、商品の流通が地域単位で行なわれている間は、このような方法でもさほど問題にはならなかった。それがこの時代に入って全国各地に産業が興り、物資が関東・関西を頻繁に往来するようになるとその仕組みの欠陥が浮き彫りとなってきた。

具体的にあげれば地域単位の経済圏が全国共通の経済圏となり、それに伴い金貨と銀貨の両替の必要性が増し、特に全て秤で計って金額を決定する仕組みとなっている銀貨は使い勝手が悪く、且つ多額の両替料を要するといった欠点があったのである。この欠点は重大なもので、経済成長の足かせとなっていた。

そこで幕府は、小普請組頭の川井久敬に研究させ、彼の地位を権限のある勘定吟味役に取立てた上で新通貨を発行させた。それは明和二年（一七六五年）のことであり、その画期的な通貨の名称は「五匁銀」（現在価格に換算すると一個一万円相当）といった。この通貨は、初めから五匁と通用価値を定め、いちいち秤にかける手数を省くという、主要通貨としてはわが国最初の表示通貨であった。

更にその二年後、「今後は銀相場に関係なく五匁銀十二枚を以って金一両とする」との令を出し、それまで不都合であった両替を不要とした。つまりそれまで金貨とは別立てになっていた銀貨に、金貨の補助的役割を与えたのである。この通貨は明和九年まで使用され、発行額は総額千八百六貫四百匁（現在価格に換算、約三十六億円、年平均四・五億円）であった。

この明和九年は安永元年と年号が変わるのであるが、通貨も「五匁銀」に代わって、更に改良された新通貨「南鐐二朱判」（現在価格に換算すると一個一万五千円相当）が発行された。

この新通貨はオランダから輸入した良質の銀を使って造ったという主旨の文字「南鐐八片を以って小判一両に換う」が表面に刻まれていて、五匁銀と違って銀貨としての重量は示さず単に金貨に結びつけ、小判一両の八分の一の価値を与えたものである。当初からの計画か結果論かは不明であるが五匁銀が、試行品の役目を果たし、南鐐二朱判が本格表示通貨として国民に認知されるのである。ともあれ現代我々が使用している通貨の原型はまさにこの時作られたのであった。

この「南鐐二朱判」は国民の間に浸透し、決済はほとんどこの通貨により行なわれるようになり、天明八年（一七八八年）まで使用（この年中止となるがその後国民の要望により復活する）された。発行額は三百八十三万両（現在価格に換算、約四千六百億円、年平均二八七・五億円）余ということである。

銭《ぜに》は現在の硬貨にあたる少額貨幣である。庶民の日常に使用する貨幣であるが、これも経済が拡大するにつけ不足し、銭相場は徐々に上昇していた。

そこで幕府は明和五年、一個で四倍の効力のある「真鍮四文銭」（現在価格に換算すると一個百円相当）を発行した。

当時の物価は、冷や水一椀四文、大福餅一個四文、風呂屋八文、蕎麦一杯十六文の如く四が単位となっていたので、この通貨は非常に使い勝手が良かった。経済に見合う量の銭が発行されたわけであるが、効果が強すぎて銭相場は一旦下落している。

その後は落ち着いて推移していたがその頃、水戸藩と仙台藩から鋳銭の申請があった。幕府は数量、使用範囲等の制限をつけ許可したが、両藩ともそれを守らず不当に発行したので、銭相場全体が再度下落している。予想外の事態に陥ったが、幕府は夫々の藩に鋳銭の禁止を命ずると共に、幕府自体の鋳銭も半減させ、それを収めた。

今まで多くの歴史書には、「田沼時代」の新通貨は物価騰貴を招いたと書かれている。しかし大石慎三郎氏の研究によれば「三井高維編述『両替年代記関鍵』など信頼できる統計的史料でいえば、宝暦—天明期は、天明の飢饉以降を除けば、江戸時代で最も物価の安定した時期をなしている。」（「田沼意次の時代」）とあり、実際は安定していたのです。

教育政策

教育設備の充実と諸学問の興隆　理論上どんなに良い教育だといっても、その教育を受けた人達が進歩していなければ良い教育とは言えない。反対にどんなに批判されても、その教育を受けた人達が進歩し、且つ多くの優秀な人が出れば良い教育と言える。まさにこの時が後者である。

後段の項で個人別に紹介するが、国学の本居宣長と小説家の上田秋成が古代音韻について論争した話は有名である。本居宣長は賀茂真淵とともに、国学の最高峰と言われている。その宣長と互角に亘り合っている上田秋成も著書「雨月物語」を見れば学識の高さが推測できる。先の章で記した蕪村の「法三章」の句（蕪村にはこの種の故事を引用した句が多くみられる）にしても、秋成の「雨月物語」にしても、中国や日本の古典の知識がなければ意味が通じない。当時は作者も読者も大勢の人が高い教養を身に着けていたと察せられる。こうした一般国民の教養の高さを裏付ける現象は、以下に示すが他の分野にも数多くみられる。結果からみて、大勢の国民が高い教養を身に着けたということは、まさに良い教育がなされたという証拠でもあります。

この頃各地に学校設立の機運が高まり、藩校の設立、ないし休校となっているものの再興が急増している。学科の種類も増え、自分の希望する学問が学べるようになっている。それまでの藩校は儒教主体の教科であったが、家治の代になると藩主の意向に任せられていたので、幅広い学問を学ばせるための複数の学舎を設立する藩もあった。例えば薩摩藩では安永年間に造士館、演武館、医学院など特徴のある施設を設けているが、こういった動きは全国に興っていた。

地方の私塾、家塾もこの頃から数多く開設されている。上杉治憲の師として有名な細井平洲は尾張の出身であるが、十八歳で長崎に遊学、三年後江戸で家塾を開いている。このように実力さえあれば塾が開けたのである。

当時の藩校の規模、教科、教師、生徒等については巻末「近世日本国民史（学政振興）」（＊3）を参照願いたい。そこには官民問わず意欲ある人たちの真摯な勉学の姿勢、教育レベルの高さを伺がわせる記述が見えるのである。

教育改革といっても直接幕府が手をつけた行為は宝暦十一年（一七六一年）三月の昌平坂文廟学館修理程度で、基本的には規制を緩和しただけのものであった。学びたい人が学び、好きな学問（危険思想や邪教を除く）を自由に学べるようにしただけである。しかしこれだけで日本の学問は飛躍的に向上したのである。

当時の人たちの知識欲の旺盛さには西欧人もびっくりしている。日本人と接触した前記ツンベルクやチチング（天明期の長崎出島商館長）は自著の中で「これほど熱心に知識を得ようとして質問してくる人達は世界中どこにもいない」と口を揃えて言っている。その結果蘭学が目覚しい発達を遂げ、西洋に遅れをとっていた医学、天文学の距離が急接近したのである。

杉田玄白たちが翻訳した解体新書は、ドイツのヨーハン・アダム・クルムス（一六八七〜一七四五）が一七三一年出版し、オランダでの翻訳本が一七三四年出版された経緯からみて、鎖国下の日本における一七七四年の出版は驚異的なものである。彼らの活躍がなければ想像もできないほど遅れていたことであろう。わが国の歴史上西洋医学が最高に進化した時代であった。

天文学と数学もこの頃非常に発達した。天文学と数学はセットにして学ぶ人が大勢いたが、それは天文学には高度な数学が必要であったからであろう。

また経世学を学んだ著名人が数多くいるのもこの頃の特徴の一つである。当時の経世学はただ単に「世を治める」のみを論じるのでなく、具体的な貿易論・海防論にまで発展していた。本田利明、最上徳内、工藤平助、林子平などが自由に論争していたのである。

その外、国学、哲学、俳諧、芸術のレベルも一頭地を抜いている。しかも夫々の学問に従事した学究が非常に多いということにも驚かされる。天文学、国学、哲学などは、どんなに勉強しても経済的な面から言えば得るものは少ない。しかし当時の学究達は斯道の極限まで追及しようとしている。日本人の損得を離れた純粋な知識欲の旺盛さが如実に表れている。研究の深さのみならず、その学究達が士農工商すべての層から出ており、しかも全国各地から現れているのも興味深いところである。

こうしてみると教育改革とは、「正しい方向付け」、「自由に学べる環境づくり」（規制緩和）および「経済的なゆとり」がいかに大切であるかがわかる。当時はその環境が整っていたということであろう。

封建社会の中にあって、それまで庶民、特に女子の教育がなおざりになっていた。社会全体が裕福になってくれば、女子にも教養を身につけさせる風潮が現れてくるのも自然の流れである。それに応えたのが「心学」である。心学は元文二年（一七三七年）に石田梅岩（一六八五〜一七四四）が唱え始め、その門人達が広めたものである。

門人の一人、手島堵庵（一七一八〜一七八六）の講演の模様をお示しするので、その雰囲気を読み取っていただきたい。

先ず門前に張り紙をして入場者を募集している。

講釈の日時　　三日・十三日・二十三日の午後二時から

聴衆者の席　　男女別々になっていて女子の席には簾《すだれ》をかけておく

席料　　無料

このような張り紙であった。詳しくは巻末立証資料＊4にあるのでご参照願いたい。

心学は難しい言葉は使わず、話し言葉で分かり易く説いたので庶民の間に急速に広がった。その内容は神、仏、儒、道の教えの内、良いと思われるもの全てを肯定した学問であり、庶民の日常に役立つものであった。そして対象は庶民であるが、特に女子には、柔順・清潔・不妬《ふと》・倹約・恭謹・勤労の六つの徳目が設けられていた。

また子供達にも分かり易く丁寧に説いている。そのため心学は男女を問わず、また大人にも子供にも浸透していった。

講演は、最初京都およびその近郊において行われていた。それを地域の篤志家が聞き、これは自分の住んでいる地域のモラルアップを図るのに良いと講師を招き広まっていった。この頃は各地に篤志家が多数いたので、心学の講師は引く手あまたであった。手島堵庵はそれに応えようと心学の講師を数多く育てた。彼は六九歳で没するが、それまでの二十年間、心学の普及・宣伝に専念し、心学発展の第一の功労者といわれた。その門からは中沢道二（一七二五～一八〇三）など多くの秀才が出ている。講師育成が功を奏し、多くの講師が育ち、彼等は全国へと出張講演に出かけた。

心学の道話の中には孝子顕彰の話が多い。一例を上げれば明和七年（一七七〇年）手島堵庵の弟子、布施松翁が親孝行の見本として、山城国川島村の儀兵衛を取り上げた本を出版した話は有名であります。図書名は「西岡孝子儀兵衛行状聞書」と言い、この本は国内全域に広まりました。

このようにして心学が国中に広まっていったので、日本人の道徳心は急速に向上したのです。従来この時代を「田沼時代」といって、道徳心の欠如した時代と言われていましたが、全国を見渡せばそれとは逆の現象が起きていたのであります。

次章で当時活躍した人々を個別に詳記しますが、学問、芸術など広い範囲に亘って多くの秀才が輩出されているのに驚かされます。結果からみて、当時の教育政策が当を得たものであったと言えるでしょう。

第六章　新政策がもたらしたもの

三都と地方の発達

規制緩和と地方分権により地方には産業が興り、そこで生産された物品が消費地である三都と呼ばれた江戸、大坂、京都などの都市に運ばれ、捌けていったことは既に記しました。その三都も三様の賑わいぶりをみせ、以下に示しますがその発展の状況は誠に興味深いものでありました。

世界一の都江戸　江戸はそれまで京都、大坂の上方《かみがた》に文化の面においてかなりの遅れをみせていました。しかしここにきて新しい江戸文学なるものが創出され、それを中心に江戸の文化が関西二都市を追い越すほどにまで発展したのです。

例えば江戸歌舞伎であるが荒事（荒々しさを強調した演技）を中心に独自の分野を切り

開いて発展した。市川家のお家芸、歌舞伎十八番も「助六」以外はみな荒事で、その大部分がこの時代に完成の域に達したといわれている。

歌舞伎に付随し人気を博したのが三味線音楽であります。堀越二三治、桜田治助が出て三味線に詞章をつけた、江戸風の舞踊劇を作り上げている。また舞踊も盛んになり舞踊家で有名な初代中村仲蔵もこの時代活躍した人です。

当時の江戸文学に黄表紙、滑稽本、洒落本なるものが現われ大変なブームとなった。大田蜀山人、山東京伝などが大活躍しており著者の一人平賀源内は、風来山人というペンネームで洒落本の「根南志具佐」（女形役者瀬川菊之丞を題材とした本）を著し大ヒットしました。洒落本は、主として歌舞伎を題材として書かれたので、歌舞伎人気を盛り上げるのに一役買った形になっています。

江戸市民も一緒になってこの雰囲気を楽しんでいます。江戸っ子の「いき」とか「いなせ」などという言葉が生まれ、盛んに使われました。

第三章で記した「十八大通」と称される人達は、まさにこの時代、繁栄した江戸を最も楽しんだ江戸っ子でありました。彼らの内、何人かは日常の生活の中に歌舞伎役者風のしぐさを取り入れ、江戸市中を闊歩し、大向こうから喝采を受けました。そしてことあるごとに散財し、景気を煽ったのです。儲けた金は貯め込まず使う、これが好景気をもたらす極意である。江戸っ子たちはそのことを肌で感じていたのであろうか。

この歌舞伎と呼応するかのように発展したのが、江戸の大相撲である。この頃から相撲が職業（プロ）として認められ発達している。木戸を立て、札銭《ふだせん》を取るのは職業力士に限ると定められ、この措置によって力士の生活は安定した。谷風梶之助（一七五〇〜一七九五）が出て、安永六年（一七七七）から天明二年（一七八二）まで六三連勝し、それを止めたのが小野川喜三郎（一七五八〜一八〇六）であった。江戸の町はこの話題で沸騰する状態であったという。

いつの時代でも、その道にスターが出るとその業界は盛り上がる。次の代に出た雷電為右衛門（一七六七〜一八二五）と合わせ、この三人を相撲界の歴史的大スターと称するが、この頃の相撲人気の絶大さが窺われる。

安永年間に従来の一場所八日間興行が晴天十日制になり、それが年二回あったので「一年を二十日で暮らすいい男」という川柳ができた。この時期に大相撲の組織が整ったことが現在の発展に繋がったといってよく、どこの国を見ても○○相撲というのはあっても、日本のようにプロとして発展しているものはない。現代相撲、隆盛の基礎は、この時作られたのです。先記の川柳も、後述しますがこの時代に生まれ、発達したものであります。

浮世絵版画はこの江戸において、この頃多くの秀れた作品が制作されております。版画は興味あるものを安価で多数制作できるので、江戸市民に歓迎され、瞬く間に広がりました。その題材に歌舞伎役者や力士が使われたので、歌舞伎、相撲、版画それぞれが相乗効果を発揮している。そのため、これらに関するものは、江戸において未曾有の発展を遂げたのです。

その頃幕府から、武士の横暴を咎める触れが出ていたので、江戸市民にとっては非常に居心地のよい状態であったのです。江戸市内は毎日が、祭りのような雰囲気であったと言われています。

世界を見てきたツンベルクの口からもその規模、および賑わいは「江戸は世界一の都」という言葉が出るほどまでになっていたのです。では、その頃の上方はいかがであったろうか。

経済の拠点大坂　地方で生産された産物の大部分が一旦ここ大坂に持ち込まれ、それを船便、陸送などによって江戸等の消費地へ持ち込まれるという仕組みができあがり、経済の拠点と呼ばれるようになっていました。

前章で記した「株仲間」が大坂において最も多く組織されたのはそのためであります。このように大金が動いた大坂には、多くの資産家が存在するようになった。そして彼らはその資産を有効に使い、教育や文化、芸術を志す人たちの育成にあて、同地区発展の原動力となったのです。

享保九年（一七二四年）大坂の町人によって建てられた懐徳堂《かいとくどう》は、家治の時代になると初代学主中井甃庵《しゅうあん》の子、竹山・履軒兄弟が教授となって隆盛を極めていた。後の項に出てくる天文学者麻田剛立、町人学者山片蟠桃は、ここで学び多くの知識を得てその後自らの学説を披瀝している。特にこの頃の大坂における天文学は江戸を凌ぐものであったといわれている。

懐徳堂が隆盛の極にあったということや、前記二人の学識の深さをみれば、大坂における勉学に勤しむ人の多さとそのレベルの高さが推し量れるであろう。

文化の都京都　皇室の存在する地、京都はそれに相応しく、特に文化の面において目覚しい発展をなしている。しかも、あらゆる階層から多くの芸術家が輩出されているのがこの時代の特徴であります。

国宝を何点も出している池大雅や、俳句と南画で活躍した与謝蕪村は、京都市内に住み、競作したことで知られるが、出身は二人とも農家である。

人気の高い伊藤若冲は京都の商家の主人であった。この若冲の絵に有名な僧侶、慈運が賛を入れているのも目にする。

円山応挙も農家出身でここに居を構え、その一派を形成している。蕪村と応挙は年齢は十七歳も離れている（蕪村が年上）が、仲は良かったようで、一つの掛け軸に二人で酔画を描いたりしている。

蕪村と応挙に師事した村松月渓（呉春）は金座役人の家の出身であり、四条派という一派を興し、応挙の円山派と併せ、そこに円山四条派が生まれるのである。

このように多種、多様の層から、超のつく有名人がこの狭い地域に一挙に現われたのである。そして彼等は切磋琢磨して「文化の都京都」を揺ぎ無いものとし、歴史上例を見ないほど発展させたのであった。

一方、産業面に目を向けると、「織物」と「陶器」が特筆される。西陣織、京焼がこの頃非常に発達し、良品が数多く生産された。このようなブランド品は裕福となった庶民のあこがれの品で、国内いたるところから引く手あまたであったといわれている。そしてそれを扱う業者は大金を得て、この地の文化芸術を高める質の良い好事家《こうずか》となったのです。

この時期京都にて活躍した芸術家は、あまりに数が多いので、後の項で紙面の許す範囲で一人一人記すこととする。

活性化した地方　既述の如く自主裁量を得た藩主により治められた地方は、官民挙げて産業の振興に努めた。そして成功した地方は官では名君、民では素封家を数多く生んでいる。こうした人たちはその地の領民から尊敬され、且つ慕われてもいた。当然のことながらその地の領民達も良い思いをし、また満足もしたのであった。

ツンベルクが長崎、江戸間を往復した時、目にした日本の農業について、彼は次のように記述している。「日本列島の畠は実によく草が取られている。如何に目の鋭い植物学者でも、このうちに余計な草を発見することはできない。」山上の耕地について「山の上まで耕していると言っても、実際に観たものでなければ、これを信ずることはできないと思う。」とあり、地方の農民がまじめに働いている様子が浮かび上がってくる。

上記江戸の町の項において、武士に対し庶民への横暴を咎める令が出された件は既に記した。その状況は江戸から諸藩へと広がっていった。全国の庶民が武士を恐れることなく、自由にのびのびと暮らすことのできる世の中になったのです。

問題といえば大金持ちという人達が、都市にも地方にも現れたことかもしれません。いわゆる格差のある社会が生じたのです。

しかしこの現象に対する当時の一般庶民の感覚は、興味深いものでありました。そこには金持ちに対する嫉みはみられず、むしろ尊敬の念が感じられるのです。それに対し金持ち側も「施しの精神」で接しています。

例えば江戸の町を闊歩して行く十八大通に江戸庶民は拍手を送り、それに応え彼等は吉原を一晩買いきり、大勢の人を引き連れ乗り込むなどして庶民にも良い思いをさせている。また地方では大部分の素封家が「施しの精神」をもってその土地の人達に接し、治山・治水や心学講師招聘などして尊敬されている。両者が持ちつ持たれつして、良好な関係を築いていたのです。

以上をまとめると、三都など大都市には娯楽設備が整い、庶民にとってそこは魅力あふれる地となっていた。そこは多くの人が集まる巨大な消費地となり、各地から多くの産物が送り込まれ、消費されていった。このように地方で生産、大都市で消費というパターンができあがったのです。

　十分な金が出回るようになり、それを使うことを覚えた人々は、稼いでは使うという新しい生活スタイルをとるようになった。そのため世の中に金が循環するようになり、好景気は更に長続きしたのです。こうした好景気にもかかわらず、インフレなど経済の歪みは見られず、理想的な発展がもたらされたのでした。

努力が報われる社会の創設

　江戸時代を通じてこの時代ほど、士農工商の差別が無くなった時はないであろう。多少の制約はあったにせよ、武士も、農民も、職人も、商人も好きなことに挑戦できた時代であった。

　芸術家や文筆家のような特殊な業種に入る人も多数いた。自分の能力を活かそうと、入った道は金も地位も関係なく、ただ実力のみが上下を決める物差しの世界であった。そして、でき上がった物や研究などは、鋭い選定眼をもった一般大衆によって、正しく評価された。

　この厳しい一般大衆の目にさらされ、認められてこそ勝者として生き残れたのである。勝ち残った者には、十分な金と時間が与えられ、更に優れた作品作りや研究などが可能となった。そのため研究者や制作者たちは、誰もが勝者となるよう必死になって努力したのである。

当時の一般大衆の目が如何に鋭く、また優れたものであったか身近な例により示すと、絵画における伊藤若冲の桝目画き画法、写楽の大首絵、曾我蕭白、長澤芦雪の筆勢あふれる絵など、新機軸によるものを「良い作品」と認めて、大枚をはたいたことなどにそれがみえる。

円山応挙の絵のように誰が見ても美しいと理解できるものであれば、大枚をはたいてもまず間違いはない。しかし上記の人たちの絵は、常識外の描き方がされている。こうした絵に高い評価を与えるということは、相当な鑑識眼を持つ好事家でなければできない。

絵画以外の例を示すと、国学においては賀茂真淵が万葉集を、また本居宣長が古事記の研究に打ち込み多くの時間を費やしてその研究を完成させたが、世間はしっかりとそれに見合う評価をしている。

蘭学においては杉田玄白の「解体新書」も然りで、大変な時間が費やされている。

歌舞伎の舞台装置などにおいても多くの工夫がみられ「廻り舞台」「せり上げ」などの大道具がこの頃から始まるが、大衆は拍手を送り正しく評価している。

江戸新文学における「滑稽本」などの作者たちは、大勢の人に気軽に読んでもらえるように平易な文章で、また安価に作り、その支持を得るよう大変な努力をしたが、この新しい読み物は、現在の週刊誌の感覚で大量に販売され、大衆の支持を得ている。

以上多くの例により、当時の民衆が努力している人たちへ的確な対応をしている状況を見ていただいた。現在のスポーツ選手が活躍した時のコメントで「皆様の応援のお蔭でこのような良いプレーができました」とよく言われるが、その状況と似ている。大勢の人の応援があれば自然と力が湧いてくるが、なければ発揮できずしぼんでしまう。

そうしてみるとこの時期活躍した芸術家や文人を育てたのは一般大衆であったということもできる。

それほど才能に恵まれているとも思われない農家の倅が絵師に転業して描いた絵や、趣味が高じた商家の主人の絵が、国宝級の評価を得た裏には、大衆の後押しが無名の作者のやる気を煽り、とてつもない力を引き出したことも見逃してはならない。

一方、彼等大衆の目は、非常に公平でもあった。その好例としてよくあげられるのが、俳句の与謝蕪村や絵師の円山応挙への対応である。両名とも農家の出身でありながら、弟子には武士や資産家の主人などが数多くいた。そこには士農工商の身分や貧富の差など全く関係のない、ただ実力のみがものをいう世界があったのである。

好景気の恩恵に浴し、大金を手にした好事家は金に糸目は付けず、芸術家たちを平等な条件の下で競わせ、できた作品を相応な価格で引き取る。制作者側はたっぷりと時間をかけ、持てる能力を存分に発揮し、良いものを作る。判定は好事家のみでなく、厳しい鑑識眼を持った大衆も参加し、できた作品を公平に評価する。

このように当時は、大金を有する好事家がおり、才能豊かな制作者がおり、良、不良の判定を適正に下す大衆がいた。そしてどれほど時間をかけても良いものを作りさえすれば必ずその対価が得られるという安心感があったので、能力のある人たちは手間ひま惜しまず最高の作品を作ろうと努力した。このようにして優れた芸術品が数多く生まれたのであるが、芸術品に限らず、良くできた作品には相応の評価が下された。まさにそこには、努力すれば報われる社会が形成されていたのであった。

花開いた日本の文化・芸術

文学（国学・俳諧・川柳・江戸新文学）
国学の大家といえば賀茂真淵（一六九七〜一七六九）と、本居宣長（一七三〇〜一八〇一）があげられる。家治が将軍になって三年目の宝暦十三年（一七六三年）二人は師弟の契《ちぎ》りを結んだ。それは国学が最高に栄えた時期であることを証明する出来事であった。ここで二人の足跡を簡単に紹介しておく。
先ず師となった賀茂真淵について記す。彼は遠江国伊場村（現静岡県浜松市）の神官の三男として生まれた。他家へ養子に入るも、三七歳の時京都に出て荷田《かだの》春満《あずままろ》（一六六九

～一七三六）に師事した。三年後春満が没したので一時帰郷するが国学への思いは強く、元文三年（一七三八年）四一歳で江戸に出て学塾を開いた。師弟には男子ばかりでなく女子もおり、弟子の内、特に優秀な門人を称して世間は「県門《けんもん》の四天王」「県門の三才女」（県門とは真淵塾の意）といった。真淵は「県居《あがたい》の翁《おきな》」と呼ばれ、四九歳の時田安宗武（御三卿の一つ田安家の当主）に和学御用として仕え、和歌の指導をしている。真淵の著書は数多いが中でも「万葉考」は広く世に知られている。

本居宣長は伊勢の国、松坂（現三重県松阪市）の商家の次男として生まれた。医学の修業のため京都に出るも医業のほか漢学、国学、儒学を学び宝暦七年（一七五七年）松坂に帰り、小児科医院を開業した。国学への思いを捨てきれずにいたところ、宝暦十三年真淵に直接指導を受ける機会を得て意を強くし、斯学に没頭していった。彼は平安文学の研究によって「もののあわれ論」を編み出し提唱するとともに、古事記の研究を三十二年間続け、「古事記伝」四四巻を完成させるという大事業を成し遂げ、国学の真髄を極めたのである。彼は七一歳で没するまでに六十余の著書を公にし、押しも押されもせぬ国学の第一人者としての地位を築いたのであった。

この古事記も万葉集にある秀歌や源氏物語も、当時の国学者がいなければ消えてしまった可能性もあります。現在私たちが、いにしえの日本文学に触れることができるのは、この国学者達の努力のたまものと言っても過言ではないでしょう。

この二人を頂点に、国学はその後も多くの人の支持を得て発展していったのです。

俳諧は与謝蕪村（一七一六〜一七八三）が出て「俳諧の中興の祖」と称えられている。彼とその仲間、夜半亭《やはんてい》一門は、芭蕉及びその一門に次ぐレベルの高さと評される。明治に活躍した文人たちは、蕪村を芭蕉以上と評し尊敬している。子規、啄木、白秋、晶子、朔太郎、漱石は蕪村の俳句や〝新分野の詩〟春風馬堤曲を褒め称えている。晶子は〝天明の兄〟と慕い、朔太郎は、〝郷愁の詩人〟とよんでいる。ここに上げた人たち全員が蕪村の影響を受けているという説は、多くの研究者によって証明されている。

蕪村は江戸で修業し、京都で腕を磨き、更に四国に旅をして、俳諧の真髄を掴み、最後にまた京都に落ち着き、その後に数多くの秀句を作っている。気心の知れた仲間と南画と俳諧、また好きな芝居見物をして悠然と楽しんでいる。最期は弟子達に見取られ、辞世の句を残し静かに亡くなった。まさにこの時代の寵児といえよう。一介の農民がこれほど自由に、また楽しく生きられた時代は他にあったであろうか。

川柳　俳句の親戚ともいえる川柳は、柄井八右衛門《からいはちえもん》（一七一八〜一七九〇）の雅号の川柳がそのまま命名された今日に残る文芸のひとつである。俳句の調子を借り、季語の約束を離れ、滑稽、風刺などの機知を取り入れた俳句紛いの文芸、いわゆる狂句がその頃流行していた。その狂句を市民から募集し、その内の優れたものを摺物《すりもの》にして発売するというものが現れた。これを「誹風柳多留《はいふうやなぎだる》」といった。第一回を明和二年（一七六五年）に発行し、以後天保九年（一八三八年）まで一六七篇出ている。その間選者は何人か代わるも、最初の川柳の代に詠まれた二四篇が最も優れていると評価され、その当時の選者であった川柳が見直された。そして名称もいつしか「誹風柳多留」でなく「川柳」と呼ばれるようになった。この「誹風柳多留」の刊行は途絶えるも、滑稽を主体とする狂句は川柳としてその後も生き続け、今日に至っている。

江戸新文学は、いわゆる滑稽本《こっけいぼん》、黄表紙《きびょうし》、洒落本《しゃれぼん》それに前出の川柳などがあげられる。作者は、大田蜀山人《おおたしょくさんじん》、山東京伝《さんとうきょうでん》、恋川春町《こいかわはるまち》、風来山人《ふうらいさんじん》などが有名である。これら文芸は江戸を中心に大流行している。この文芸はこの時代の落とし子のようなもので、ほとんどがこの時代に生まれ、次の時代に厳しく規制されたので、川柳以外は廃れてしまった。初めのうちは庶民の娯楽として広まっていったがその後、現政権を面白くないと思っている勢力の政府批判の材料として使われるようになった。特にその論調が変わったのは、天明期に入ってからである。その頃、既記した如く異常気象による米の不作が始まり、民衆に不満がたまりだしていた。そして世論は政府批判の方向へと誘導されていったのです。太平洋戦争終戦後活躍した作家、山本周五郎の名作「栄花物語《えいがものがたり》」は、この江戸新文学の著者を主人公にした小説であり、世論誘導のカラクリを巧みに暴いている。

その後も異常気象と天変地異が重なり、更に農作物の減収が続くと政府批判の広報者となった著者達は、こうした現象までも悪政が原因だと書きたてた。このように著者達はあることないこと興味本位で書き綴り、政府批判を強めた。

幕府も食糧不足を何とか打開しようとするが天然自然には勝てず、対策にも限界があり、年を追うごとに民衆の不満は溜まっていった。一向に治まらない自然現象を見て著者達は「それみたことか」とばかりその論調を強め、ついに民衆の心を幕府から引き離すことに成功した。そして最後は家治の死と同時に、家治から執政を託された田沼政権を崩壊させたのです。

しかしこれらの著者たちは、政府批判の広報者として、さんざん反政府勢力に利用され、政権転覆の片棒を担がされたのであるが、新政権に変わった途端、手のひらを返したように、その新政権から徹底的に弾圧を受けることになった。

新政権になると「言論の自由」は完全に排除され、それに抵抗した蜀山人や京伝は手《て》鎖《くさり》の上百《ひゃく》叩《たた》き、恋川春町は獄死というようにひどい仕打ちを受けたのでした。

諸学問（蘭学・天文学・哲学）

蘭学の発達　安永三年（一七七四年）小浜藩医杉田玄白（一七七三〜一八一七）により「解体新書」が発刊された。この刊行までの苦心談は、彼の著「蘭学事始《らんがくことはじめ》」に詳しく記されている。それまでは認められていなかった蘭学翻訳書の発刊が、この時から正式に認められたのである。それは同時に、蘭学も認められたということを意味するものであった。

蘭学はこの時から家治の没するまでの十三年間が特別に発達した時期であった。

解体新書の翻訳を共にした前野良沢《まえのりょうたく》（一七二三～一八〇三）、中川淳庵《なかがわじゅんあん》（一七三九～一七八六）、桂川甫周《かつらがわほしゅう》（一七五一～一八〇九）は言うに及ばず、その他通詞の吉雄耕牛《よしおこうぎゅう》や玄白、良沢を師と仰ぐ大槻玄沢《おおつきげんたく》、藩主では朽木昌綱《くちきまさつな》、島津重豪《しまづしげひで》などが蘭学学究として有名である。

蘭書もこの間数多く輸入されている。オランダ人チチングは安永八年（一七七九年）から天明四年（一七八四年）までの間に三度、合計三年半長崎商館長を勤め、二度江戸参府している。

彼は日本の通詞はもちろん医師や藩主たちとも交流があり、現在二一五通もの書簡が残されている。その中には書籍や物品のやり取りを記したものもあり、その書簡から輸入された図書名や受領者が判明している。

この時代はオランダ人との交流がかなり自由にできていた。後の時代の商館長を勤めたヅーフは自分の著書の中で「チチングが日本人と文通したと記しているがそれは嘘と思う。そんな危険なことを日本人が許すはずがない。」と述べている。しかしこのチチングにしても前出のツンベルクにしても、現在日本人と交わした書簡の多くが実在するので嘘ではない。

家治の時代が他の時代に比べ、いかに自由であったかを物語る記述である。チチングはラテン語、フランス語、英語、ドイツ語ができ、日本語と中国語の素養もある人物で、ヨーロッパ、アジア諸国を歴訪し、それぞれの国情にも通じていた。その彼が日本人のことを「これほど文明化し、これほど立派で、これほどあらゆる学問に関心を示す国民・・」と褒め称えている。

また彼と前記の人たちとの書簡の中に、当時の長崎奉行久世広民《くせひろたみ》を心の底から尊敬していた様子が記されているものが複数見える。こうした記述を見ると、当時の日本人のレベルの高さ、勤勉さが推測できる。

世界を見てきたチチングや、前掲ツンベルクなど一流のヨーロッパ人が驚くほど、当時の日本人は猛勉強している。それだからこそ、わが国の歴史上、最も蘭学が発達した時代となったのであろう。

天文学の発達　天文学者として有名な麻田剛立（一七三四〜一七九九）が活躍したのがやはりこの時代である。

宝暦十三年（一七六三年）剛立二九歳のとき、一年前に予告した日食が、日時と欠け方までもぴったり合致していたとして話題をさらった人物だ。

彼は豊後国、九州杵築藩の藩医であったが、天文学の魅力に取り付かれ、三度にわたって致仕《ちし》を請うたが許されず、明和七年（一七七〇年）やむをえず脱藩した。そして翌年旧知の中井《なかい》竹山《ちくざん》、履軒《りけん》兄弟を頼り大坂に赴き、そこに身を落ち着け、本格的に天文学の研究を開始したのである。

そして暦学者として広く名が知れ渡るのであるが、いまひとつ和算史上においても実績を残している。算学上の著書として「弧矢弦論解」（これは和算の中で最も難しいと言われている円理を解説した書）があり、彼のレベルの高さが推測できる。

彼が大坂に居住してからその地の算学が盛んになったともいわれ、人々はその算学を「麻田流」と呼んだ。しかし天文学や算学は彼だけのものではなかった。

四国の土佐はその頃天文学、算学が非常に盛んであった。川谷貞六も土佐において、宝暦十三年の日食を予言し言い当て、藩主からこれを賞され士列に加えられたといわれている。

彼は初め江戸で天文学、算学を勉強し知識を得て帰郷し、その後も斯学を研究し続けて、右記実績を上げたのである。貞六は明和六年、六四歳で没するが、著書「南海暦談」「起元演段」等を残している。貞六の弟子の片岡直次郎も土佐の人で両学問を能くし、著書に「五緯暦」「天元算法」などがある。また、川谷および片岡は、剛立と交流があったことでも知られている。

当然のことであるが貞六が学んだという幕府のお膝下、江戸においてもやはり高レベルの天文学、算学が普及していた。地動説を明解に説いた本木良永、天文学などの塾を開いた本多利明、その塾で学んだ最上徳内、蝦夷地研究家工藤平助、西洋通の洋画家司馬江漢などは皆高度な天文学の知識を有していた。このように当時は各所に優秀な天文学者が多数いた。

当時育った志筑忠雄（一七六〇～一八〇六）は「混沌分判図説」を著し、カント、ラプラスの星雲説と同様の説を彼らとほぼ同時に発表しているが、それを見てもこの時代のわが国天文学のレベルの高さが推し量れるというものである。

哲学等の発達　わが国において最も特色ある思想家は誰か、といえば安藤昌益《あんどうしょうえき》（一七〇三?～一七六二?）と三浦梅園《みうらばいえん》（一七二三～一七八九）の二人が真っ先に挙げられる。後世の歴史家、狩野亨吉《かのうこうきち》は特にこの両者を絶賛している。片《かた》や東北の南部八戸藩、こなた豊後国九州杵築藩、と日本列島の両端からほぼ同じ時期に現れている。安藤昌益については生、没年ははっきりしていないが、この頃の人であることには間違いないようである。

両者とも弟子を数十人持っているのを見ても、こうした日常生活と乖離した学問、いわゆる純粋の学問を学ぶ人が少なからずいたこと、またそういった人達でさえ生計が成り立っていたことにも瞠目させられる。

安藤昌益《あんどうしょうえき》は「自然真営道《しぜんしんえいどう》」百巻、およびその縮刷版の「統道真伝《とうどうしんでん》」五冊を編み、世界的思想家の一人に数えられている。

彼の思想は、一言で言えば農本共産主義である。人間の生活の基本は自然を対象とする生産、すなわち農業である。したがって全ての人をまず農耕に従事せしめる。そしてなん人といえども徒食を許さず、生産物は一旦国に納めさせる。その代わり必要が生じた際は、国から支給を受ければよいとする、いわゆる農を基本とする共産主義を説いたものであった。

また自然は相対的に成立するものであり、全てのものは相対的に活動するものであるという、一種独特の説を唱えている。その説は「物は善悪にして一物、事は善悪にして一事となすものである」したがって「善のみをなして悪をなすなかれと教える古来の道徳教理は間違いだ」として孔子や釈迦の説まで否定するという、全く新しい発想のものであった。

三浦梅園《みうらばいえん》の主著は「玄語《げんご》」「贅語《ぜいご》」「敢語《かんご》」の三著です。簡単に言うと「玄語」は一種の宇宙論、「贅語」は天地の条理や万物を論じた自然哲学書、「敢語」は道徳論を展開したものです。

その説は「なぜ煙は上がるのか、なぜ石は地に向かって落ちるのか」など一つ一つ追求し、万物の中に潜む法則性を見出そうとしたものです。

理論学上わが国最初の体系的思索を展開した人物といわれている。狩野亨吉、三枝博音《さいぐさひろと》両氏は彼のことをドイツの哲学者カントに比すべき思想家と賞賛している。

彼は安永七年（一七七八年）弟子十一人と長崎に遊学し、そこで多くの知識を得て帰国した。その博識を聞きつけた藩主から仕官の誘いを受けるも、それには乗らず、ずっと禄仕しなかった。もっとも晩年に至り、同藩の政治顧問となったという。

前出の天文学者麻田剛立とは同郷につき互いに刺激し合い、また協力もしながら両者とも一流となった。

山片蟠桃《やまがたばんとう》（一七四八～一八二一）「夢の代《しろ》」等多くを著し、唯物論的《ゆいぶつろんてき》、無神論的《むしんろんてき》な特異な思想を展開している。

播磨の国（兵庫県）の人。少年の頃大坂に出て商家（販売業・両替商）升屋に奉公する。商才に秀れ番頭の地位を得、当家興隆に貢献した。升屋の主人山片平右衛門から升屋、山片の称号を許され、独立し升屋小右衛門を名乗る。

一方勉学に関しては、大坂町人の学塾である懐徳堂で学び、同学舎の学風をうけ合理主義的思考を身につけた。特にヨーロッパの科学に信奉しており、天文学には多くの時間を割いている。

この天文学は懐徳堂の中井竹山・履軒兄弟に身を寄せていた麻田剛立にも学んだようである。「夢の代」にある地動説など当時の人々には斬新な考えとしてもてはやされたが「潮の満ち干と月の引力の関係」など説明に誤謬が見られ、麻田剛立などの専門家には到底及ばないものであった。

ただこの天文学は彼の商人引退後の趣味的学問であり多少の誤謬は止むを得ないが、それよりも彼の真骨頂は本業の「経営」についてである。升屋の財政を立て直したのみでなく、仙台藩の招きに応じ出向き、同藩の財政再建の指導にあたり、成果を上げていることにある。その後升屋の関係しているいくつかの藩から指導の要請があり、赴き指導したことでも知られている。

慈雲《じうん》（一七一八〜一八〇五）通常、慈雲尊者《じうんそんじゃ》と尊称で呼ばれている。真言宗の僧侶で、「梵学津梁《ぼんがくしんりょう》」一千巻を著したことで知られている。

当時わが国の仏教界は、多くの教祖による多くの宗派が乱立していた。各派の教義は難解なるを良しとして、難解なほどありがたみが増すといった歪んだ方向に向かっていた。

慈雲は仏教の原典を学び、釈迦の生の声を聞いてこれを正そうとした。梵学、いわゆるサンスクリットを学び、その原典を意訳したのが梵学津梁である。

辻善之助氏は著書「日本文化史別録四」において「一九〇〇年九月パリで万国宗教学会が開かれた。その際、日本に長く滞在し、日本のことをよく研究していたフランスのサンスクリット学者のシルヴェン・レヴィー氏がこの学会で梵学津梁の中の一部を紹介して慈雲の功績を称えた。ヨーロッパより一世紀も以前に日本でサンスクリットを研究していた人がいたことに、参加者は皆驚かされた。」と記し、当時のわが国のレベルの高さを自慢している。

慈雲の民衆への説法は、人を見てわかり易く話すので、非常に評判が良かった。その名声を聞きつけた、桃園天皇の御生母、開明門院から法話要請があり、安永二年（一七七三年）十一月から翌年四月にわたってお話しされた。これが十回におよびこの説話を記録したものが「十善法話《じゅうぜんほうわ》」であり、その書は多くの人々に読まれている。

白隠慧鶴《はくいんえかく》（一六八五〜一七六八）は慈雲より三十歳ほど年長であるが、彼も仏教界の最高峰の一人である。

「駿河には過ぎたるものが二つある富士のお山と原の白隠」（原とは現在の静岡県沼津市原）と詠われ、また臨済宗の中興の祖ともいわれた。

晩年は江戸に住み、平易な言葉で仏教の教訓歌を作り、また達磨画を多く描き与えるなどして民衆に親しまれ、禅を広めている。

この白隠にしても、前出慈雲にしても彼らは平易な言葉で「人間の生き方」を説いており、念仏を唱えていれば功徳があるといった意味不明な説法とは一線を画すものであった。

絵画（日本画・南画・洋画・浮世絵版画）

日本画　この伝統ある分野と次の南画は、京都を中心に隆盛を極め発展した。歴史に名を残す多くの絵師が、ここ京都に集結した。彼等は切磋琢磨し、最高のレベルにまで達している。

伊藤若冲（一七一六〜一八〇〇）は、京都錦小路の青物問屋「枡屋《ますや》」の長男として生まれた。二三歳のとき父が死亡しその名、源左衛門を襲名した。四〇歳で家督を弟に譲り、作画三昧に入った。

その画風は、初め学んだ狩野派の画風に、元明の漢画の筆意を取り入れ、さらに光琳派の彩色法を混じた独特なものである。その斬新さが受け、現在の日本においては、最も人気の高い画家の一人に上げられている。

若冲の号は禅の師、相国寺の大典顕常から与えられた居士号である。晩年枡目画《ますめが》き画法という新しい画法を取入れ、大作を発表している。

代表作、動物彩絵、鹿苑寺大唐院障壁画五十面（重文）、樹下鳥獣図屏風、鳥獣草花図屏風。

円山応挙（一七三三〜一七九五）およびその一門の人たちも、後世の人たちから高い評価を受けている。

円山応挙は、丹波国（京都府亀山市）の農家に生まれる。二十歳の頃、内職として眼鏡絵の制作に携わる。そこからヒントを得て西洋画における遠近法を修得する。

本格的画家を目指し、狩野探幽の流れを汲む石田幽汀の門に入る。明和三年（一七六六年）より、応挙を名乗る。この頃から三井寺円満院の祐常門主の知己を得る。

また、豪商三井家などの主要なパトロンを得る。画風上の特徴は、際立って写生を重視した点にある。卓越した画技と平明で親しみやすい画風から、裕福な町人層に人気があった。

晩年は、龍など仮想の画題にも挑戦し、大作を残している。

代表作、雪中図屏風（国宝）、七難七福図、四条河原納涼図画稿。

呉春《ごしゅん》（一七五二〜一八一一）別名、村松月渓《むらまつげつけい》は、京都金座役人の家に生まれる。最初蕪村について俳諧、南画を学ぶ。

パトロンの商人を頼りに天明元年（一七八一年）から摂津の呉服里《くれはとり》（大阪府池田市）に滞在。その地名に因み呉春と名乗る。

円山派の分派である四条派を興し、その祖となった。両派併せて円山四条派と呼称されるが、この円山四条派は現在に至るまでに多くの優秀な門人を輩出している。特に有名なのは、竹内栖鳳、上村松園、堂本印象など。

代表作、白梅図屏風（重文）、柳鷺群禽図（重文）。

長澤芦雪《ながさわろせつ》（一七五四〜一七九九）京都伏見に生まれる。出自は不明。円山応挙に師事し頭角を現す。性格は奔放且つ快活であるが、同時に傲慢な面もありその絵に現れている。応挙の作風と異なり、大胆な筆勢を感じさせる絵が多い。代表作、龍図、虎図（重文）。

曾我《そが》蕭白《しょうはく》（一七三〇〜一七八一）京都に生まれる。丹波屋という商人の子。その絵は部分細密で精確な描写なるも、構図は動性で大胆なものが多い。表現は型破りで、奇人とか狂人の画家といえば必ず出てくる名である。代表作、寒山拾得図（重文）。

狩野典信《かのうみちのぶ》（一七三〇～一七九〇）狩野派古信の子。木挽町に屋敷を持ち、以後木挽町《こびきちょう》狩野《かのう》を名乗る。将軍家治の御用絵師となり宝暦十二年（一七六二年）法眼に、安永九年（一七八〇年）法印に叙せられ栄川院《えいせんいん》と称した。画風は曽祖父、常信譲りの典雅で気品を備えたものである。その門から後に狩野芳崖、橋本雅邦、横山大観などの巨匠が出ている。代表作、寿老鶴亀図。

南画　**池大雅**（一七二三～一七七六）京都に生まれる。農家の出身。二十歳を過ぎた頃より中国南画の研究を始める。その後宗達、光琳、如拙、雪舟など日本の優れた画家の絵を学びとる。また深山、幽谷に分け入り、自然を手本とするとともに西洋画の技法も入れ、日本独自の南画を創造した。

与謝蕪村とともに日本南画の大成者と称され、書家としても一流であった。作品は中国故事、名所を題材とした大画面の屏風や日本の風景を軽妙洒脱な筆致で描いたものが多い。代表作、十便十宜図のうち十便図（国宝）、山亭雅会図（国宝）、楼閣山水図（国宝）。

与謝蕪村（一七一六～一七八四）摂津国（大阪市都島区）の農家に生まれる。二十歳の頃、江戸へ出て早野巴人に師事し、俳諧を学ぶ。

巴人没後、関東諸方を放浪した。寛保四年（一七四四年）初めて蕪村と号した。宝暦七年（一七五七年）京都にて妻帯、与謝の姓を名乗る。明和三年（一七六六年）四国讃岐に旅立ち明和五年帰京、これ以後名句、名画が量産されている。

池大雅と共に、同じ京都において南画家として覇を競った。二人の競作国宝「十便《じゅうべん》十宜図《じゅうぎず》」は明和八年の作である。また俳諧と組み合わせた俳画を数多く描き、その瀟洒《しょうしゃ》にして飄逸《ひょういつ》の味わい深い作品は、以後の俳画の地位を引き上げたといっても過言ではない。

代表作、十便十宜図のうち十宜図（国宝）、夜色楼台図屏風（重文）、野ざらし紀行図。


洋画　司馬江漢《しばこうかん》（一七四七〜一八一八）江戸に生まれる。狩野派や浮世絵を学ぶ。平賀源内と接触があってから蘭学や洋画に興味を持ち、大槻玄沢の助言を得て蘭書を研究、天明三年（一七八三年）三六歳にして銅版画に成功、天明八年頃より油絵を制作、日本における洋風画の開拓者といわれている。

代表作、相州鎌倉七里浜図（重文）、駿州薩陀山富士遠望図。

小田野直武（一七五〇〜一七八〇）角館に生まれる。秋田藩士。幼少より絵を好み狩野派を学ぶ。美人画も描く。安永二年（一七七三年）鉱山技術指導に秋田を訪れた平賀源内に西洋画法を教わる。源内が江戸へ帰ると、直武もそれを頼りに江戸へ出て蘭画の修業をする。その後秋田へ帰り「秋田蘭画」と呼ばれる一派を形成した。

代表作、不忍池図、解体新書の表紙絵。

浮世絵版画　十七世紀後半、絵本の挿絵《さしえ》から独立した一枚絵の版画を浮世絵といい、最初は黒一色であった。

延享年間（一七四五年頃）になると紅や緑など限られた色ではあるが摺り重ねた紅摺絵と呼ばれるものができた。その後幾多の改良をみて、明和二年（一七六五年）多色刷りの浮世絵が完成したのである。この浮世絵版画は錦のように美しいというので「錦絵《にしきえ》」といわれた。

版画芸術は地本問屋（出版業者、プロデューサー）、絵師、彫師、摺師の連携技の結晶で、これらの息がぴったり合い、その全てが完璧でなければ高級品はできない。このほか顔料（絵具）、紙、工具などの資材、出来上がった製品の優劣を見極める鑑識眼のある大衆（購入者）など全てが揃わなければ最高の条件とはいえない。この明和二年以降の浮世絵版画は、こうした全ての条件が見事に合致した「奇跡の芸術」ともいえるものである。

当時の浮世絵版画が、いかに高度なものであったかを示す証拠がある。一世紀ほど後のことであるが、ご存知の通りヨーロッパに印象派という画家集団があった。この印象派は現在世界中のオークションで最高の値段が付く画家の集団である。印象派、いわゆるゴッホ、ルノアール、モネたちであるが、彼らの絵に大きな影響を与えたのが日本の浮世絵である。浮世絵がなかったなら彼らの絵はそこまで高まらなかったといっても過言ではない。なぜならゴッホの秀作のほとんどは、日本にあこがれた彼が日本に見立てて行ったアルルで（日本にいると仮想して）制作したものである（「ゴッホが愛した浮世絵」日本放送出版協会）。

モネを一躍有名にした睡蓮の連作は、日本の池を想定して自分の家の庭に池を造り睡蓮を育て、それを描いたものである。

彼らほどではないがルノアールや他の印象派の画家たちも、何らかの影響を受けていた。現在世界中から最も魅力的な画家として尊敬されている人たちが、日本の浮世絵にそれほど心酔していたのである。

絵自体はもちろんであるが、彫り、摺り、そして画材までもが彼らの心を捉えていたということもわかっている。こうした絵以外の部分において、匠の技が少しでも未熟であったり、紙や絵の具等の画材に不良なものがあれば、彼らはここまで惚れ込むことはなかったであろう。

この浮世絵版画という新しい芸術は、新文学と同様、江戸から発展していったのである。鈴木春信（一七二五〜一七七〇）江戸の人。錦絵の開拓者といわれている。明るい色彩と繊細な描線で、さわやかな美人画を描き人気を博した。

明和二年（一七六五年）に開催した絵暦は、春信の多色摺り浮世絵が用いられ、多くの人の注目を浴びた。これ以降、錦絵といわれ大流行するのである。

浮世絵の黄金時代を導いた最大の功労者である。代表作、弾琴美人。

喜多川歌麿（一七五三〜一八〇六）江戸の人。美人画の第一人者。鳥山石燕の門人。細判の役者絵や絵本を製作。版元蔦屋重三郎の援助を得て才能を発揮、女性の顔だけを拡大描写する「大首絵《おおくびえ》」を創案。

吉原の遊女や当時評判の高い水茶屋の娘などを好んで描いた。女性美を極限まで追求し、その才能を開花させ多くの傑作を残している。代表作、婦女人相十品、高名美人六家撰。

葛飾北斎（一七六〇〜一八四九）風景画、人物画ともに優れた作品を多く残している。幼くして幕府御用達鏡師の中島伊勢の養子となるも、後に実子に家督を譲り、家を出る。貸本屋丁稚《でっち》、木版彫刻師の徒弟を経て家に戻る。十八歳で浮世絵師、勝川春章の門人となりあらゆる画法を学ぶ。

時代は彼の風景画を求め、彼もその求めに応じ作画し、特に富士を描いた一連の作品には多くの傑作が見られる。版画は肉筆とちがい筆勢を出せないのが泣き所であり、それをカバーするために大胆な構図を用い自画の特徴を主張している。「富嶽三十六景」の構図はどれも斬新で、現在でも内外から高い評価を得ている。代表作、富嶽三十六景。

東洲斎写楽（〜一七九四〜）出自不明。独特の役者似顔絵師。役者の特徴を誇張して描き、度が過ぎたため役者の贔屓《ひいき》筋から非難されたという。しかし現在はその誇張がうけ、内外から高い評価を得ている。作画は寛政六年（一七九四年）五月からわずか十一カ月足らずの間でその後のことは不明である。代表作、中山富三郎。

その他当時活躍した文化人等

平賀源内（一七二八〜一七七九）四国、高松藩の足軽兼農業の家に生まれる。二四歳で長崎に遊学、その後江戸に出て田村元雄《たむらげんゆう》に学び物産会を開く。物産会出品物を書物にまとめ「物類品隲《ぶつるいひんしつ》」を刊行。

石綿を使用した燃えない布「火浣布《かかんふ》」や、測量器械として水平をみる「平線機」、蓄電器の「エレキテル」などを発明、製作した。

幕府よりオランダ本草翻訳御用を命じられ再び長崎へ出向く。蘭学、西洋画、鉱山採掘法や精錬法を学ぶ。その後秋田藩の招きに応じ鉱山調査と銀摘出法の指導に赴く。期待に応え、銀摘出七十貫（現在価格に換算、約一億四千万円）の成功を見た。

この間、同藩藩主佐竹義敦（曙山《しょざん》）および家臣小田野直武に西洋画技法を伝授した。時期は異なるが源内は、司馬江漢にも西洋画技法を教えている。

源内は西洋医学にも通じ、杉田玄白、大槻玄沢等とも付き合いがあった。解体新書の挿絵は源内の斡旋で小田野直武が描いている。

また老中田沼意次とも交流があったといわれている。戯作者、劇作家としても名高い。代表作「根南志具佐」「神霊矢口渡」

本多利明（一七四三〜一八二一）越後国（新潟県）の農家に生まれる。経世学者ほか。

幼い時から算学を好み、十八歳で江戸へ出る。関孝和《せきたかかず》の興した関流算法を学び、千葉歳胤《ちばとしたね》に天文学を学ぶ。

聡明な利明は、経済や地理・測量等の実学をも征服した。明和四年（一七六七年）二四歳で算学、天文学、地理・測量といった幅広い学問を教える塾を江戸音羽に開く。当時は先進的な考えの学者が江戸には溢れていたが、なかでも彼は抜きんでていた。その塾には多くの門人が集まり、門人たちは切磋琢磨し研究に没頭していた。後に世に出る最上徳内もその内の一人であった。

自由に学論を展開できた当時の若者たちは思う存分経世論（経国済民のことを論ずる）を闘わせ、その論は海外折衝の事案や蝦夷地開発にも言及していった。利明はこうした人達の指導的立場にあったのである。

天明五年（一七八五年）幕府が「北辺調査団」を編成した時、参加を求められるが健康上の都合から自らは参加できず、弟子の最上徳内を推薦している。

著書に「経世秘策」があり、超先進的書として知られている。

上田秋成《うえだあきなり》（一七三四〜一八〇九）小説家（読本《よみほん》作家）、国学者、俳句・和歌歌人

青年期には享楽生活を送り、晩年は京都に住んで俳諧や煎茶をたしなみ、孤独と困窮の中に没す。

代表作「雨月物語」は安永五年（一七七六年）刊、全五巻の読本。中国・日本の説話を翻案した怪奇小説九編からなる。（読本とは声を上げて読むにふさわしい文章と内容をそなえた小説の一種。この時代限定のもの。）読本作家のほかに、歌人・国学者としての著書多数。

高芙蓉《こうふよう》（一七二二〜一七八四）篆刻家《てんこくか》、印章学の大成者といわれている。儒学、絵画も良くし、京都の教養人として尊敬された人物である。自然を好みよく山巡りをしたことから池大雅、韓天寿と共に三岳道者といわれた。篆刻における弟子は多く、この一派を「古体派」と呼ぶ。

古満巨柳《こまこりゅう》（〜一七九六）印籠蒔絵師。蒔絵の名工としての称号、古満姓を師家から授けられる。印籠に施した蒔絵の傑作が多く、その他箪笥、卓、提重、煙草盆などにも名品が残されている。代表作「桜紅葉蒔絵印籠」「李白観瀑蒔絵箪笥」。

奥田頴川《おくだえいせん》（一七五三〜一八一一）京都の陶工、京焼の「中興の祖」といわれる。京焼に石物としての磁器を取り入れ難しいといわれる彩色を施し、品格ただよう製品に育て上げた功労者。京焼黄金時代は彼によって開かれたといわれている。

青木木米《あおきもくべい》（一七六七〜一八三三）京都祇園に生まれる。陶芸界の最高峰と評されている。木米の作品のうち最も評価の高いのは煎茶器であるが、抹茶道具にも見るべきものが多い。木米は南画家としても優れ、特に茶と藍を用いて描いた山水画には独特の色彩感覚がみられる。

武術・剣道（防具の発達により大衆化した剣道）

徳川実紀には将軍家治が射芸（馬に乗って弓を操る）を競わせ上覧するという記述が数多くみられる。家治の思想の中には「武士が武道に励むのは百姓が米を作るのと同じことで、ごく当たり前である」とする考えがあった。家治自ら剣、槍、弓、鉄砲、乗馬などの道に励み、その技はどれも奥義を究めるほどになっていたという。その将軍が上覧し、多くの者を競わせるのであるから参加者は必死になって努力したことであろう。

徳川実紀には上覧の際、常時三十人程の者が家治から褒美を与えられた旨の記述が各所にみられる。しかしこうした一級資料の記述があるにもかかわらず、従来の歴史の本によると「武術は吉宗の享保時代と松平定信が老中であった寛政時代に発達し、その間の家重、家治の時代は廃れた」と記されている。

私は、家治の上記思想や徳川実紀の記述から考えて、廃れたとする従来の説は信用できないので検証してみた。すると全く異なった事実が浮かび上がってきたのである。

幕末江戸の三大道場と呼ばれたのは、千葉周作の「北辰一刀流玄武館」、斉藤弥九郎の「神道無念流練兵館」、桃井春蔵の「鏡新明智流士学館」である。これら流派のルーツをたどってみると隆盛を誇った時期が、ある一時期に重なっている。その時期というのが、この家治の時代であったのである。近代剣道はここから始まったといっても過言ではない。以下に詳記する。

千葉周作の「北辰一刀流玄武館」の源流は中西派一刀流で、千葉はここで腕を磨き新しい流派を興したのである。この中西派の栄えたのが、二代中西忠蔵子武《なかにしちゅうぞうたねたけ》の時からといわれている。

中西子武は宝暦十三年（一七六三年）頃、剣道の防具に改良を加え、危険の少ない稽古で上達させるという工夫を凝らし、剣術愛好家を増やしている。中西派は、公儀御留流の小野派から分派した素性確かな流派であり、門弟には大名、旗本やその家臣が多く、門人の質も良かった。その道場では主に防具をつけ、竹刀で激しく打ち合う打込稽古が行なわれていた。打込稽古をしても怪我人は少ないので安心して稽古に励むことができ、上達度合いも実感できた。

中西道場は繁栄を極め、下谷練塀小路に江戸きっての広壮な道場を建てるにいたったのである。繁栄を極めたこの道場は寺田五衛門、白井《しらい》亨《とおる》義謙《よしのり》、高柳又四郎など名だたる剣豪を輩出している。

剣術家を語るだれでもが、剣術の防具は中西子武によりほぼ完成の域に達したことを認めており、その時代は剣道の隆盛を誇った時代であったということも認めている。しかるに多くの本は、その子武が存在し活躍した時期、いわゆる家治の執政期間のことを「田沼時代」といって剣道が廃れた時代であったと誤った記述をしている。

中西派の支流、千葉周作の「北辰一刀流玄武館」は始め日本橋品川町に道場を開くも指導方法が時流に合っていたこともあり繁栄を極め、神田お玉が池に広壮な道場を増設するまでになった。幕末、この道場は坂本龍馬、山岡鉄太郎などが修業したことでも知られている。

斉藤弥九郎の「神道無念流練兵館」は福井兵右衛門を開祖とし、二代目を戸賀崎熊太郎暉芳《てるよし》という。初代福井兵右衛門は新神陰一円流を修業した後、江戸に出て神道無念流の道場を構えた。宝暦九年（一七五九年）この道場に十六歳の戸賀崎暉芳が入門した。彼は非常な秀才で、たちまち腕を上げ明和元年（一七六四年）免許皆伝となった。免許を得た暉芳は、一旦郷里に戻って道場を開いた。しかし思うような成果が得られず間もなく閉じ、再び江戸へ出て安永七年（一七七八年）麹町二番町に道場を構えた。

この時期江戸においては、剣道が防具をつけ安全に行なえるようになったので、大勢の人に親しまれていた。そこへ、練達の戸賀崎暉芳が道場を開いたので、入門者が殺到した。たちまちこの道場は、門人三千人を超すまでになったという。

暉芳の高弟、岡田十松は、この道場を離れ独立し、神田に撃剣館という道場を構えた。その後この道場から斉藤弥九郎という俊英が出でている。彼は十五歳で入門し、二三歳にして師範代を任されるまでになった。

六年間師範代を勤めあげ、独立して飯田橋に道場を開いた。それが「神道無念流練兵館」であり、幕末の頃、桂小五郎や高杉晋作など多くの門人が腕を磨いた道場となったのである。

桃井春蔵の「鏡新明智流《きょうしんめいちりゅう》士学館」の創始者、桃井八郎左衛門直由《なおたか》は、享保九年（一七二四年）に大和国（奈良県）郡山藩士の家に生まれた。

宝暦七年（一七五七年）父が没した後、武者修行の旅に出で修行を積み、安永四年（一七七五年）武道の盛んな江戸に落ち着いた。日本橋茅場町に道場を構えその名を「士学館」と称した。この道場は勝負を専とし、厳しく打ち合う流儀をもってした。

直由は幼より武芸を好み、槍術は無辺流、剣術は戸田流、柳生流等を修得した。その後道場を南八丁堀大富町（中央区新富町）に移転、更に繁栄していった。

当初、鏡心明智流と称するもその後、鏡新明智流と改称した。この一派の世間への認知は、三代宗家桃井春蔵直雄そして四代春蔵直正の時代になってからである。以後隆盛を誇り、幕末には志士、武市半平太、岡田以蔵等がこの道場において修業したといわれている。

以上記した如く江戸の三大道場のルーツをたどれば、どれもこの家治の時代に行き着き、そこが転換点であったことがお分かりいただけたことと思う。この時代は何事においても創意工夫が凝らされる風潮にあり、剣道においても同様、種々防具に工夫が加えられている。安心してスポーツ感覚で行なえる近代剣道の基礎がここに出来上がり、それ以後剣道場は安定経営が可能となり、現在の盛況を見るに至ったのである。

第七章　「家治の改革政治」の終焉

家治、政治の一線を退く

家治を政治の場から追いやったものはなにか。その理由に嗣子家基の死と、長期に亘る天変地異の二つが入ることは間違いない。この二つは政権交代と密接な関係をもつものですが、正確に記されているものは案外少ない。その真相については次項以降にてお示しいたしますが、その前に家治退場後の名目および実質の執政に関する人物を取り上げ、その人たちがどのような執政をしたか記すことにいたします。

「徳川諸家系譜第一巻」には家治の弟、清水家の当主徳川重好の項に「天明元年十二月五日任宰相」とある。また「徳川実紀」の同日欄には「清水重好卿、一橋治済卿参議に昇進あり」と記述されている。この日、重好は宰相の座を家治から譲られたのであります。

家治は晩年になり、最愛の妻を亡くし、婚約中の娘を亡くし、長年苦楽を共にしてきた二人の忠臣を亡くし、その上健康であった嗣子家基までも亡くしてしまいました。かてて加えて、順調であった国内の米作までもがここへきて天変地異により不作が何年も続くという思考外のこと、それも悪いことばかりが次々と襲ってきたのです。さしもの家治も精神的にそうとうのダメージを受けたようで、政治のことに頭が回らなくなってしまいました。そして身内の実の弟、清水重好に宰相の座を譲ったのです。それまで全く政治の舞台に出ていない重好が、ここにきて初めて登場することになりました。

この人物は徳川実紀などの記録から想像するに、野心もない代わりに政治を取り仕切る手腕は全く持っていなかったようであります。重好を補佐する、またはその人に代わって執政する人物といえば、この時点では田沼意次をおいて他におりませんでした。

家治は通常の執務を表向きは重好に、実質は田沼意次に任せたのであります。しかし全てを任せたのではなく、諸行事などには家治が出ていました。天明期は既述のごとく天変地異が多発したので、困窮した藩からの「御貸」要請が数多く寄せられていました。これを付与する権限だけは、依然として家治が持っていたのです。慈愛の念の深い家治は、この御貸を多発しています。その結果、正常時に積み上げた幕府貯蔵金は激減してしまいました。

こうした経緯をたどりながらも、政権を任された田沼意次は非常に悪い条件の中で、精一杯の執務をこなすのであります。そして数年後、クーデターとおぼしき政変が発生し、家治の死亡、意次の罷免へとつながっていくのです。その模様は後項にて詳記します。

嗣子家基の死の真相

日本の歴史書において、家基の死因を明快に記述しているものは、現在のところどこにも見当たらない。百科事典など公のものは、徳川実紀の記事をそのまま引用しており、死因を明示する記述はどこにも見えない。

しかし少し踏み込んだ本には毒殺説など読者の興味を引く記事が載っている。それは一番基になっている徳川実紀にその根拠を示すものがないので、小説家たちはそれをよいことに、毒殺説をまことしやかに吹聴するのである。

この毒殺説は田沼意次を悪人と見立て、彼が仕組んだものとする説が圧倒的に多い。しかし最近は意次には家基を殺す動機がないとして、犯人は別にいるとの記述も見られるようになってきた。

だが私の見方は全く異なるものです。それは外国で発刊された書により、唯一死因がはっきりと記述されている記事を見つけ出したことによります。その資料とは「シーボルト日本交通貿易史」であります。

その内容は「日本の皇帝は一七六五年（明和二年）に一対のペルシャ馬を獲んとの希望を表せしかば、和蘭人之を献上したるに、喜びて採納せられ、その代わりに五百ピコルの棒銅を受けたるが、その当時の価にして四万五千グルテンなりき。然るにその後、またも同様の馬一対を望まれて差し出せるに、将軍継嗣はその一頭に乗りて落ち、その外傷の結果死亡せり。然るに商社の長たちは、たびたびその返礼を求め、将軍は彼のただ一人息子が死亡せし報知をもたらせし者を斬りたりという程なるに、かかる不祥の馬につき再三の返礼要求は、哀傷はなはだしき父に印象なくして止まぬことなり。」とあります。

同時に、当時の翻訳者が日本側の資料を調べ、その記事の信憑性を確認しようとした旨の記述もあるのです。その内容は「通航一覧によるにペルシャ馬は明和五年および同六年に各二匹、同七年八年に各一頭、幕府に献上になり、安永二年秋、以上褒美として銅五百斤下賜された。」と調査した結果を示しています。その続きに「ヅーフの日本回想記（斉藤博士）に、現将軍の先代（徳川家治）はその実子が、暴れ馬（我等が彼に献上せし）より墜落せし結果、不幸にもその継承者を喪へり。よりて他家の子即ち現将軍を養子とせり。」と自分より前の商館長ズーフの記述にもある旨紹介している。

シーボルトもヅーフも長年、長崎出島商館長を勤めた人であり、信用のおける人である。その人達が口を揃えて言っていることであるので、その信憑性は高いものと思われる。

そもそもこの事件はオランダ側からすれば良い話ではない。できれば伏せておきたいものを、正確を期すため、あえて記したものと思われる。このような話をでっち上げる必要もなければ、それを流しても何のメリットも無い。したがってこの記事は、真実に限りなく近いものであると言わざるを得ない。

では徳川実紀には、なぜ記されていないのか。

現在の我々から見た場合、この「ペルシャ馬（サラブレッド）に振り落とされて死ぬ」ということは不思議なことではない。しかし当時の徳川実紀に携わっていた人達からみれば馬と言えば小さくておとなしい「日本馬」しか対象になく、その馬に振り落とされ死んだとなると、あまりにも不名誉なことと感じたのではないだろうか。

したがって徳川実紀の著者が家基の名誉のため、落馬の部分をカットして記したとの推測が立つのである。

一方、検証する側からみた場合、落馬と仮定するならば、家基が「ペルシャ馬から落ちる」という危険な行動をとる可能性について、その妥当性を探る必要がある。徳川実紀などの資料から、その辺の事情を探ってみると、次のことが分かった。

家基は健康にも恵まれ、十七歳（満年齢）にまで成長していた。曽祖父の吉宗や父家治の血を受けていたせいか、鷹狩りをことのほか好んだ。徳川実紀には家治、家基が夫々に、また一緒に狩に出かける様子が数多く記されている（＊1参照）。これを物語風に記すと次のようになる。

安永八年（一七七九年）二月二一日のこと、家基は数人の部下を引きつれ、新井宿のほとりに狩に出かけた。乗った馬はオランダ渡りの、立派な体格をしたペルシャ馬であった。一行が東海寺という寺の近くに来たときのこと、日頃おとなしいその馬が突然暴れだした。予想もしていない突然の事に、家基はなすすべなく振り落とされてしまった。周りの者は慌てて助け起こし、東海寺へ入り応急手当てをした。その後城へ帰り総力を挙げて治療するも、そのかいなく、三日後の二四日亡くなってしまった。

以上が考えられるシナリオであり、物語としてはあまり面白くないストーリーである。しかしこれが最も現実に近い筋書きであるので、いくら面白くないといっても変えることはできない。

付け加えるならば家基の葬儀が終わり、一段落した四月十五日のこと、家治に信認の厚かった勘定奉行石谷清昌が閑職の留守居となっている。家治の下でその手腕を発揮し、次々実績を残した彼が左遷させられるなど、それまでの家治の人事では考えられない異動である。石谷に何か大きな失敗があったのではないかと思われる。

私の想像ではありますが、家基を振り落とした当該のペルシャ馬を斡旋したのが、石谷ではないかということです。石谷はその馬が献上された時の長崎奉行であった可能性が高い。彼は宝暦十二年（一七六二年）六月から明和七年（一七七〇年）六月まで勘定奉行兼長崎奉行を勤め、大変苦労したことは第三章で既記したが、その頃当該馬の献上の話が出ていた（前記「シーボルト日本交通貿易史」の記述）。

石谷は元凶のペルシャ馬を斡旋した責任を取り、自ら職を辞し、家治がそれを認めたとすればつじつまが合う。部下を遇する事に非常に気を使っていた家治にしては異例中の異例ともいえる非常に冷たい人事であり、この事件なくしては考えられません。

また徳川実紀附録巻二には家治が非常に悲しんだ模様が記されています。もし毒殺などの疑いが少しでもあるのであれば、緻密で敏感な家治が見過ごすはずは無く、当然厳しい捜査があったはずです。しかし一連の記述には、家治が家基の死因を疑っている様子は無く、捜査をした形跡も全く無い。家基の死因はごく単純なものであったとの推察がつきます。乗馬を得意とし、馬のことを熟知している家治が「家基の死因は落馬」との報に接し「然もありなん」と直ぐに感じ取ったのだと思います。以上を総合すると家基の死の真相は「落馬」ということになります。

家治は自分が家基に奨めた鷹狩りによって家基を死なせてしまったことに後悔の念が非常に強く、その頃から体調不良を訴えるようになりました。そしてその後遺症から「家治の改革政治」の終焉へと繋がっていくのであります。

天変地異（小氷河期・浅間山の噴火とフランス革命）

小氷河期　徳川時代中・後期、いわゆる十八世紀の頃はまだ小氷河期にあった。そのため有名な広重の版画にある東海道五十三次の「蒲原《かんばら》」などは深い雪に覆われた絵となっている。

今日ではほとんど雪の降らない静岡県の中部地方が深い雪に覆われている光景など、とても想像できるものではない。このように当時の気温は、現在と比べ格段に低かったのです。しかし冬寒く、夏暑いだけであれば稲など農作物に与える影響はさほど深刻ではない。困るのは冷夏で、しかもそれが何年も続いた場合です。

冷夏は即米の不作を意味する。下記に示しますが、安永年間の後半からこのような現象が出始め、天明年間後半まで延々と続き、農作物の不作が恒常的になったのです。

当時の経済は米によって成り立っており、特に影響をうけたのは農民、武士、藩、幕府でありました。こうした人たちは、米の収穫がなければ生活できない仕組みになっていたのです。農民の主たる収入は米であり、また武士の給料も米であった。

一方、給料を支払う側の藩や幕府の主たる財源は、農民からの年貢であったから、米の不作は彼らに決定的な打撃を与えたのです。長期の年貢収入の落ち込みにより、特に諸藩の財政は破綻寸前まで追い込まれていました。長年苦労して築きあげられてきたこの良き時代は、こうした長期の気候災禍などにより終焉するのです。

家治はこの気候災禍とほぼ同時に、嗣子家基を亡くすという不幸に見舞われている。そのため気力、体力とも相当衰えていた模様で、本章冒頭で記した徳川重好への「任宰相」（重好を宰相に任命する）へと至るのです。

遡って政変を惹起させた天変地異とはどのようなものであったか、以下に列記いたします。


主に「近世生活史年表」（雄山閣）による。

安永六年（一七七七年）、九月安房、相模、伊豆に高波（津波）、民家破損、溺死者多数。諸国不作。天領の囲い米令（安永三年の令）解除。

同七年、ここ数年、夏の異常低温が続き全国的に毎年凶荒という状況であり、疫病も流行した。

同八年、九月京大火。全国的に異常低温、阿波に降雪。

同九年、六月連日降雨、寒さ初冬の如し、関東に洪水、被害大、関東郡代に賑救を指示。（次年度以降は天候不順により通常の政治が行なえる状態ではなく、翌年名目上ではあるが宰相を弟の徳川重好に変更したため、本書における家治による正常時の政治はこの年までとした。）

同十年＝天明元年（この年以降天明六年までを異常時の政治という）、諸国凶荒。十二月上野沼田藩領十六ヵ村、年貢反対で強訴（見取騒動）。

天明二年（一七八二年）、二月印旛沼・手賀沼の干拓事業実施決定、春夏の冷たい長雨にて西国、特に九州は凶作、東北は飢饉。

同三年、七月浅間山大噴火。八月浅間山噴火被災地の田畑の復興計画指示。十一月浅間山噴火被災地の溝、道、橋は幕費で修理。十二月関東、北国凶荒のため無役の旗本、御家人に特別に俸米加給。小諸藩に七百両、上野小幡藩に千両、弘前藩に一万両恩貸。七年間の倹約令。

同四年、一月熊本藩に浅間山噴火被災地の川浚いの人夫助役。閏一月関東、奥羽、信濃の農民に余剰米の売出しを指示。三月会津藩に銀三百貫恩貸・三年間の参勤を免除。三春藩に二千両恩貸。四月米価高騰のために米問屋などの米買いだめを禁止。

同五年、二月幕府の蝦夷地順見隊出発。五月畿内、諸国旱魃。東北長雨。七月畿内東海道筋大雨洪水。十月勘定所役人、下野印旛沼・手賀沼開墾および利根川治水の工事を巡視。

同六年、六月江戸寒冷。七月、五月からの長雨で関東一円大洪水（利根川沿いの草加、越谷、粕壁、栗橋の宿場まで一面浸水、被害甚大、江戸も開府以来の水害、印旛沼・手賀沼開拓工事現場決壊）この年九月家治没す。

以上時系列に述べてきたが、当時の天変地異の状況がいかにすさまじいものであったか、お分かりいただけたことと思う。このすさまじい状況が少なくとも家治の死亡する、天明六年までは続いていた。

家治の亡くなるまでの六年間、天変地異の中、執政者の田沼意次はいろいろと手を打っている。以下に列挙すると、まず短期の対策として囲い米の解除、米の買占め禁止、倹約令の発令、および最も影響を蒙った藩などへの「恩貸」である。この「恩貸」の権限だけは家治が持ち続けており、家治の采配で行なわれたが、この措置は米の絶対量が不足していたので、国全体として見た場合何の解決にもなっていない。

中長期の対策としては、下記項目に挙げる「印旛沼・手賀沼の干拓」、「北海道開拓」および金融面の救済策「幕府と民間の共同出資による貸金会所」がある。この三つの対策は曲がりなりにも緒に就いたのですが、家治の死亡により、全て水泡に帰してしまった。家治の死亡と同時に、幕府閣僚の人事権は御三家と御三卿の一つ一橋家に移り、家治親派の幕臣は全て遠ざけられてしまうのです。次項以下にその三事業、および浅間山の噴火とフランス革命との関連を記すことにします。

浅間山の噴火とフランス革命　天明三年（一七八三年）、浅間山が大噴火した。この噴煙は想像を絶するもので、成層圏に達し北半球を覆ったといわれている。

この火山の噴煙が北半球の成層圏を回り続け、太陽光線を遮ったので北半球全体が冷夏となり、日本では稲が、ヨーロッパでは小麦が不作になった。それが原因でヨーロッパでは食糧を求めた民衆が暴動を起こし、フランス革命が発生したとの説がある（昭和五四年七月イギリスで催された歴史に関する国際会議で、「浅間山の噴火とフランス革命には因果関係がある」とする報告がなされた)。

浅間山の噴火は三ヶ月にも及んだのであるが、一番激しかったのは七月六日～八日(新暦八月三日～五日)の三日間のようでした。熱湯の山津波まで起き、死者二万人ともいわれ、縦百キロ・横三十キロの間は、一物もなく焼け失せたという。火山灰は関東一帯を覆い、江戸でも霜が厚く降ったようになったと言われた。今ある浅間山の鬼押出しは、その時できたもので、当時のものすごさをそのまま伝えている。

ともあれこの時の噴火は、わが国においては幕府の体力を奪い弱体化させ政権転覆の遠因となり、またヨーロッパではフランス革命をもたらしたもので、当該世紀最大級の自然災害であったのでした。

幻の三事業

一　蝦夷地開拓とロシア対策　当時日本の国土で最も広大な未開地といえば「蝦夷」、現在の北海道の大部分であります。
当時松前藩の力の及んだのは、その蝦夷地の西南端地方に限られていて、奥地の大部分は管理が行き届いていなかった。蝦夷人は漁労、狩猟を業とし、農耕は従としていたので蝦夷地全体はごく僅かの松前藩の地を除いて未開墾の処女地であった。幕府はこの未墾の地に殖民して食糧の増産を図り、飢饉を脱しようとしたのです。

このきっかけとなったのは工藤平助（一七三九〜一八〇〇）の著した「赤蝦夷風説考」であります。

彼の提言をいれ、幕府は直ちに行動を起こし「北辺調査団」を編成して現地へ送り込んでいる。この調査団には三つの課題が課せられていた。一は北海道の開拓可能面積の測量、収穫量予測。二はロシアとの国境線の確定。三はロシアとの貿易の可能性の調査であります。家治が国内の食糧不足を嘆き続けていたので、執政を任されていた田沼意次は早期実現を目指し早々に着手したのでした。

そして先ず一つ目の事業、いわゆる北海道の開拓可能面積の測量、収穫量予測を行なった。測量および諸資料から割り出し、総面積は千百六十六万四千町歩、そのうち耕地面積を十分の一の百十六万六千四百町歩と算定、収穫は大事を取って内地の半分との予想をたてた。また開拓民の手当ては勘定奉行松本秀持の采配などで第一期として七万人の目途がついた。このように現地調査と開拓民の手当てが同時進行で進められ、調査団の報告次第で開拓着工実現へと向かっていた。

次のロシアとの国境線の確定については、ロシアが南下してきているとの情報（毎年提出される和蘭風説書などによる）を得ていたので、そのままにしておけない状態にあった。そのため幕府はこの際、北海道の開拓の可能性を探ると同時にロシアとの国境線の問題に目途をつけるよう調査隊に命じたのである。しかし当時は測量器具などほとんどなく、寒気に対する装備もお粗末であったため、この事業は現代の我々からは想像もつかないほど困難を極めたのです。

調査隊は東西の蝦夷地隊に分かれ、夫々調査を開始しました。その内の西蝦夷地隊において大惨事が発生してしまいます。それは寒さを試すため越冬したのですが、寒気が予想を超えたため、隊長の庵原弥六を含む五人が死亡してしまったという事件です。

こうした辛苦にあいながらも、その翌年には次のような成果、いわゆるロシアとの国境線の目途をつけています。千島方面は択捉島《えとろふとう》までを日本の領地、シュムシュ島までをロシア領地、その中間にあるウルップ島は交易の場とするという構想です。樺太方面は、調査が進行中で定かではないが、調査隊の一人大石逸平が北緯四八度マーヌイまで達していたともいわれており、そのあたりを国境の目安にしていたのではないかと推測されます。

三つ目のロシアとの貿易については、貿易地（長崎出島に匹敵する地）をウルップ島と定め、貿易品もほぼ定まった。貿易窓口が長崎と北辺の二ヵ所となることで交易品の価格がより適正化され、そのほか世界の情報もより多く、且つ正確なものが入手できるようになると期待した。（従来のオランダからの情報は同国に都合の悪いものは除かれていた。）

二十人足らずの陣容で、二年という短期間に、何も無いところからここまでやってのけた隊員達の気力、体力、能力および責任感の強さには驚かされる。この苦労も報われれば救われるのであるが、残念なことに蝦夷地を含む北辺関係事業は、全て水泡に帰すのです。それを指示した田沼意次政権が転覆してしまい、次期政権を担った松平定信はそのことに全く興味を示さず、現地に赴いている人たちには「すぐに帰還せよ」との命を下し、この大計画を廃棄させてしまったのです。

この計画が成功していれば当時の食糧難の幾分かは和らいだであろうし、また現在我々が直面している北方領土問題も発生しなかったであろう。詳細については（※5）を参照願います。

二　印旛沼・手賀沼干拓と運河　この事業は八代将軍吉宗時代の享保九年（一七二四年）着手し、三一万両という巨額の費用を投入したにもかかわらず成果を見ぬうち取り止めとなっていたものであります。米が余剰ぎみであればあえて干拓する必要はなかったのですが、その状況が天候不順により一変してしまったのです。

毎年「囲い米」をするほど余っていた米を全部吐き出しても、まだ足りないという緊急事態に陥ってしまっていた。こうした事態に追い込まれた幕府は、民間の資金を利用して安永九年（一七八〇年）、再度この難事業である干拓および運河造成に挑んだのです。

幕府の意向を受けた代官、宮村孫左衛門は地元の名主たちに「干拓目論見帳」を作らせた。その計画は簡記すると「沼に沿って幅十メートルの掘割を造り沼の水を落として水位を下げ、干拓地約四千ヘクタールの新田を作る」というものであります。その掘割は、検見川（江戸のすぐ東にある町の名）を経て江戸湾に連なるもので、常総と江戸を結ぶ運河となり、関東一帯の交通の便が開かれ、計り知れない利益をもたらすというものでありました。

民間出資者は大坂の天王寺屋籐八郎と江戸の長谷川新五郎と決まり、最終的に天明二年（一七八二年）七月、評定所の議決を得て実施が決定した。完成後の配分は出資者八割、地元世話人二割というものであった。

この大工事はすぐに着工され、順調に進んでいった。しかし着工翌年の天明三年、浅間山が大噴火するという思いも寄らない出来事が発生したのです。

この噴火の溶岩などが関東一帯を覆い、その地を流れる河川の川床を嵩上《かさあ》げしたため大雨などがあれば決壊する恐れが生じていた。そうした心配を抱えながらでも、工事は必死に続けられていました。

しかし悪い時には悪いことが続くもので、利根川の閉め切り工事をはじめその全工程の三分の二ほど進んだところで異変が起きたのです。天明六年（一七八六年）五月から七月にかけ、関東地方を中心に大雨が降り続くという、心配していた事態が発生したのです。この大雨により利根川堤防の数十ヶ所が決壊し、進行中であった工事現場一帯が水没してしまった。そしてこの工事は数カ月後の家治の死、担当幕閣の罷免等により廃棄させられてしまうのであります。

三　幕府と民間の共同出資による貸金会所　長年米の不作が続いたため、武士階層は収入が激減し貸金に頼らざるを得ない状況に追いつめられていた。

天明六年頃の武士階層の多くは、貸金業者から目いっぱい借り入れており、なおかつ資金不足により追加融資を申請するという状況にあった。しかし返済の見込みのない貸金は、通常貸金業者は行なわない。

そこで幕府は民間から金を集め、幕府の金と合わせ融資するという貸金会所、いわゆる官民一体の金融機関を作ろうとしたのです。その内容を示すと、

一、諸国　寺社　山伏
　本山を金十五両とし、以下末寺全部それぞれ相応の金額
一、諸国　御領　私領（村単位）
　持高　壱百石につき　銀二十五匁
一、町人（個人別）
　間口一間につき　銀三匁
一、御公儀よりも相当の金額
　右の通り　天明六年より五ヵ年の間　毎年出金せしめる。利息は年七朱とし、貸金

会所費を差引いた額を出金者に配当する。

融通を受ける藩は、領分の村高を証文に記しおき、滞りし際は、徴収すべき年貢米を充当。


以上の案の下に発足したが、発令後まもなく政権交代があり立ち消えとなってしまった。

一揆

一揆には飢饉の際などにみられる、食べる物が無くやむを得ず起すもの、いわゆるむしろ旗一揆と呼ばれるものと、自分たちの主張を通すために行なう条件闘争的一揆がある。本書で、家治の時代は国民にとって良い時代であった、と言っているのに一揆が減っていないのはなぜなのか、その矛盾を解かなければならない。

まず、条件闘争的一揆から見ていくことにする。

地方分権が定着し全国の三百藩が独自に藩改革を行なうと、どうしても良、不良の藩が出てしまう。これは地方分権の陰の部分と言えるもので、三百藩もあるのですから止むを得ない現象と言えましょう。自分たちの生活水準は同じでも、周りの藩の領民の水準が上がれば不満が生じる。こうした不満が溜まっているところに、事件や気に入らないことなどが起きると、それがきっかけで一揆になってしまう。この種の一揆は一つの部落や一つの村といった単位のものでなく、藩内の村全てが参加するという大規模なものになるケースが多い。特に食糧が行き渡っていた前半の二十年間にこのような条件闘争的一揆が多く見られたのであります。

次にむしろ旗一揆が、なぜ発生したかをみることにする。

それは本章天変地異の項で記したが、天明年間（一七八一年～）に自然災害（夏の異常低温など）が多発したことにより、作物の不作が何年も続き、このむしろ旗一揆が発生したのです。

幕府も必至になって対応するのですが、自然災害には歯が立たず、一揆の多発を抑えることはできませんでした。フランスでは浅間山の噴火の影響で、フランス革命が起きたとの説もあるくらい（既述）ですので、その説から言えば、その原因をもたらした日本において、民衆の不満を一揆程度でよく収めた、との見方も成り立つのではないでしょうか。この時期のむしろ旗一揆の多発は、こうした止むを得ない事情により引き起こされたものでありました。

最近の一揆研究家の調査によって、江戸時代の一揆等の発生件数が年代別に明らかにされています。それをみると家治将軍在位二六年間のうち、前半の二十年間は江戸時代平均よりやや少ないのに対し、後半の六年間（天明元年～同六年）は倍増している。ちょうど、前記既述を裏付ける結果となっていたのです。

家治はこの一揆に対してもただ手をこまねいているのでなく、無くす努力をしています。一揆は八代将軍吉宗の頃から多発し始めている。そして家治の時代になると、規模も拡大しており、戦術も高度になっていた。一つの藩では手に負えないような一揆も出てきていました。

そこで家治は画期的な令、および高札を藩主側と領民側にそれぞれ出すのです。

明和七年二月藩主側に対し出した令は、一揆が広がらないようにするため、当該藩だけでなく近隣の藩および幕領が協力し合い、鉄砲を使ってでも（それまでは鉄砲を使ってはいけないことになっていた）早急に鎮めよ、というものでした。

領民側には同年四月、有名な「ととう・ごうそ・てうさんの訴人に関する高札《こうさつ》」を全国津々浦々に立てている。その高札には「徒党・強訴・逃散の言葉の意味」、「これらの行為は絶対にやってはいけない」、「もしやった場合は厳罰に処す」、「お上に知らせた人には褒美をとらす」といった趣意が記されていた。一揆というものは悪であり、やってはいけないことであるとはっきりと知らしめたのである。このように家治は国民に自分の思いが届けとばかり、やさしい言葉で訴え、国民とのいさかいを何とか無くそうと努めたのです。

この措置の効果か、一揆の発生は一旦減少に転じますが、長期的観点に立って見れば、その流れは止められませんでした。結論としては、当時の一揆は政治の良し悪しにかかわらず，根絶することはできなかったのであります。

ここで一つだけ従来説の誤りを指摘しておく。

家治が死亡した年の天明六年（一七八六年）九月から翌七年にかけて、一揆や都市騒《そう》擾《じょう》が多発している。これは田沼の悪政が原因であると言われてきた。しかし実際のところ、その時点では田沼およびその一派はすでに政権の座におらず、それは間違いである。特に都市騒擾は天明七年に五十件も発生しているが、田沼とはまったく関係なかったのであります。田沼と言えば「悪」、新政権と言えば「善」といった風潮が現在にも流れている。私たちは、こうした歴史を歪曲しようという説に惑わされてはいけない。正しい歴史観は、噂よりデータによらなければならないということを肝に銘ずべきであります。

暴力による政権交代

田沼意知殺害事件　天明四年（一七八四年）三月、時の老中田沼意次の長男で若年寄の田沼意知《おきとも》が江戸城内で下級武士新番組、佐野善左衛門に突然切り付けられ命を落とすという事件が発生した。

この事件は、冷静に見れば有能な若手の政治家が暴漢に襲われ、尊い命を落としたというものであるが、時の市民の受け止め方は違っていた。当時各地の芝居の演目に「忠臣蔵」が取り上げられ人気があった。この芝居とイメージが合致した今回のこの事件は、佐野善左衛門を浅野内匠頭に、田沼意知を吉良上野介に見立て拍手喝采を送ったのである。

滑稽本の作者などはこの事件を面白おかしく取り上げ、売り上げを伸ばした。そのため有為な青年が命を落とし、国家の損失となったテロ事件が、興味本位の芝居形式の話に掏《す》りかえられてしまったのである。

当時の長崎出島商館長は、チチングであった。オランダ商館長の仕事は、表向きは日本とオランダの貿易を仕切るオランダ側の責任者であると同時に、世界の情報を日本に知らせるという役割を担っていた。しかし裏では日本国の状況を把握し、本国へ報告するという任務をも帯びていた。したがって彼は非常に高精度な情報網を持っていたのです。その情報網はありのままを掴み、人情話などに影響されない客観的な捉え方をするものであった。

その情報網はこの事件を個人的ないさかいでなく、日本国の行く末を左右する重大事として捉えていたのであります。情報網で得た記事は「当時田沼山城守《やましろのかみ》（意知）は豪邁《ごうまい》な精神を有していて非常な才識があり、父主殿頭《とのものかみ》（意次）と共に種々の改革を企て、また開国のことを図っていたのであるが、他の諸大官のために弾劾せられて、ついに暗殺せられた。山城守の死んだことによって日本を外人に開放する望は全く絶え果てた。」（辻善之助著「日本文化史別録四」）というものであった。

この事件に関する日本の記述の多くは、意知がどのように斬られ、斬った佐野善左衛門はどう処分されたか事細かく記しているが、意知がどんな人物でどのような仕事をしていたかはほとんど記していない。それにひきかえチチングの記述は、意知の人物評価、仕事内容、暗殺の原因、この事件がもたらす影響などを短い文章で的確に明示している。

客観的見地に立つチチングはこの「田沼意知殺害事件」を「暴力による政権交代」いわゆるクーデター的要素を孕むものと捉えていた。事実この事件を境に既政権は急速に衰え、間もなく新政権に代わったのを見ても、その情報は的確であったといわざるを得ない。

将軍家治の死　気力、体力とも衰えていた家治は、天明六年（一七八六年）九月七日死亡した。

「徳川十五代史」には「按ずるに此の時田沼意次、入りて将軍の疾（病）に侍せんとす。近臣等之を拒んで入れず、或は之を刺さんと、謀る者あり。意次之を聞きて、大いに懼る。或は伝う、将軍の薨はその実二十日（八月）にあり。秘して喪を発せず、故に田沼、稲葉をしりぞけるは公（将軍）の意に非ず、三家及び諸老のする所なりと。事或は然らん、今得て詳かにすべからず。」とある。

要約すると、田沼意次がいつものように将軍の臥せている部屋に入ろうとすると何者かが凶器をもって阻んだ旨記されている（八月二十日と推測される）。この行為はクーデターと言っていいものです。

ではこのクーデターを起こしたのはだれか。二つの勢力が考えられるが、一つは既得権を死守しようとする御三家をはじめとする武士階級、後一つは次の将軍に決まっている一橋家斉の周辺の者たちである。この頃財政が破綻寸前の藩が多く、そのような藩の武士たちはこの状況を、何とか変えたいと思っていた。また一橋の一派は、一刻も早く家斉に将軍譲位をさせようとして、家治の死を待ち構えていた。この二つの勢力が結託して、この行為に出たのではないかと思われる。

それまでの政権を担っていた閣僚の大部分が追いやられ、政策も破棄されたということは紛れもない事実であって、まさにクーデターであり、徳川実紀の家治が没する近辺の記事を見ると、その辺の事情がよく読み取れる。（当該事件に関する記事を抜き書きする）

天明六年八月十五日　家治、罹病す。今回の病は軽くないとささやかれている。

八月十六日　さきに拝謁許したる市井の医師日向陶菴、若林敬順を田沼意次推挙し、にわかに内殿に召して御療治の事にあずからしむ。

八月十七日　今日奥医、残りなく召し出して御薬用の事を会議せしめる。

八月十九日　日向陶菴、若林敬順、新たに召し出されて奥医となり、共に稟米二百苞づつ給う。
八月二十日［この日クーデター発生］（筆者記入）勘定奉行松本秀持、赤井忠晶、代官伊奈忠尊、勘定吟味役村上常福、関東国々河渠の浚利命ぜらる。家治は、昨日より若林敬順が薬用たまいしかど、一層悩ましくなり給いしとて、ふたたび敬順が薬を止めて、もとの如く大八木傳庵盛昭に奉らしむ。
八月二二日　家斉、日ごとに本城にわたらせ給い、清水重好卿、一橋治済卿も出仕あり。三家使して御けしきうかがわる。また田沼意次、病もて家にこもる。
八月二四日　この日書院番に入る者四人、西城の書院番に入る者十一人。またさきに命ぜられし寺社、農商より金銀を官に収め、諸家に貸し給うべしといえる令を停廃せらる。印幡沼、手賀沼開墾のこともみなとどめられたりという。
八月二六日　大八木傳庵盛昭の処方により、些か、快復させ給うよし聞こえて、内班の群臣みな上直して家に帰らず。
八月二七日　田沼意次病により職ゆるされ、雁間詰にせらる。御側稲葉正明は思召しあるにより、御側取次ぎのことみなとどめられ、菊の間縁頬詰となり、去年賜りし増秩三千石を収めらる。
八月二八日　今日奥医日向陶菴、若林敬順さきに賜りし稟俸を収められ、職を放たる。
九月三日　家治、病重くならせ給うによりて、溜詰、雁間詰、奏者番はじめ群臣みな出仕して御けしき伺う。御三家は使者をもってうかがわる。

九月八日　巳の刻ついに御疾おもらせたまい、常の御座所にして薨じたまう。・・・

以上であるがこれを見ると八月二十日静かではあるがクーデターが発生したと察せられる。この日、田沼意次と共に政治を担ってきた人々は、全て河渠の浚利などを命じられ、遠くに飛ばされてしまったのです。

この徳川実紀はそもそも新政権（十一代将軍徳川家斉の代）によって作成されたものであり、また徳川十五代史は著者が旧水戸藩士の内藤耻叟ということで、新政権側、武士側から見て書かれているということを認識しておかなくてはならない。

この二十日、家治に真摯に仕えてきた田沼意次、およびその一派は、力ずくで遠ざけられてしまい、家治の病状悪化により急遽召し抱えられた新進気鋭の医師たちも、何もできないまま止めさせられたのです。側近者はがらりと変わり、見慣れぬ顔の多くなってしまった中、家治は寂しく世を去ったのでした。

矮小化された評価

日本を近代国家に変えた政治家が、今まで何も評価されてこなかったのはなぜであろう。この頃（十八世紀後半）を境に日本は近代国家となっている。近代国家に変わったということは政治、経済、外交、文化などが近代的なシステムに変わったということを意味するものである。

今まで記した実績からみてこの近代化への改革は、家治時代のものといってまず間違いない。徳川家康によって作られた封建制度の仕組みは、徳川政権が永遠に続くように仕組まれたものであり、士農工商の順位は確定的で一般庶民には厳しいものであった。徳川時代は一貫してこの仕組みで統治されるはずであったが、家治の政治だけは違っていた。

家治の政治は、武士階級よりむしろ庶民に対する目線に立って行われていたのです。大きな改革を行なえば弊害は必ず生ずる。その改革に乗って成功するもの、乗れずに落ち込むものなどあり、全てが満足する改革などありえない。不満の声を恐れて改革しなければ発展はない。発展のない国はやがて先進国に侵され、最悪の場合植民地化されてしまう。その証拠に発展の遅れた、日本以外のアジア諸国はそうした経路をたどり植民地化されてしまっている。

著名な歴史家、服部之総《しそう》(一九〇一～五六)はこの点を次のように言っている。「日本がヨーロッパ列強に植民地化されなかったのは、日本が既に近代化(彼はマニュファクチュアの時代といっている)しており、他のアジア諸国と違ってつけ入る隙がなかったからであろう」と。彼は日本が近代国家に変わった時期を「厳密な意味でのマニュファクチュア時代」と記すも、家治の時代とは言っていない。しかし実績から見て家治の時代しか考えられない。

家治の実施した「改革政治」がなかったら、わが国も他のアジア諸国と同様、植民地化されていた可能性は高い。わが国が植民地化を免れたことが全アジアの植民地化を阻み、最終的に全世界の植民地がなくなったことに通ずるのである。もしそうであるとするならば、家治の「改革政治」にはもっと高い評価を与えてしかるべきと思う。

家治は国民に自由と平等を与え、持てる能力を存分に発揮させ、結果として国民の質を上げ、国力と民力を強固なものとした。しかしこの自由と平等のある世は、武士の側から見た場合、士農工商の仕組みが崩れさった「乱れた世」となるのである。従来の文筆家は大部分武士側から出ており、したがってこの時代のことを彼らは「乱れた世」であったというのです。

またこの時代は経済がどの時代より活発でありました。賄賂や贈答品もそれに比例して多かったのではないかと想像されます。家治はこの賄賂を止めさせようとして何度も触れを出しています。しかし闇で行われるこの行為は、なかなか無くすことはできず、また有無の断定はできない。文筆家たちはただ「乱れた世」というだけでは説得力がないので、この「賄賂の横行」をセットにして記したのです。そして収賄の巨頭、田沼意次を作り出したのでした。

特に政府批判があからさまになったのは、田沼意次が政治を取り仕切るようになった天明年間に入ってからであります。前出著「田沼意次の時代」（大石慎三郎著）、「田沼意次」（後藤一朗著）では意次の収賄を全面否定している。賄賂というものは表には出ないものなので、確証がない限り闇の中のことで断定できない。ただし客観的にみれば、仮にその人に多くの収賄があり、その人がその金を遣わなければ結果としてその人の手許には、多くの金が残るはずである。その論法でいえば田沼意次には多くの金が残されていていいはずである。

　次期政権は田沼意次が失脚した時、いち早く彼を監禁し身動きできないようにした上、領地の遠州相良においては建築して間もない田沼の居城を跡形も無く潰し、徹底的に隠し金が無いか調べている。

　それまで田沼が収賄の権化のように書き立てていた文筆家達としては、田沼の手元に多くの金品がなければつじつまが合わなくなってしまう。当時の噂書きは、米・五百八十万俵、（遠州相良にあり）、金銀・七億八十万樽《ママ》、（相良江戸屋敷にあり）と田沼が膨大な蓄財をしていたと吹聴している（日本文化史別録四）。

　それに対し実際に城引渡しの際提出した金品は、地元の「相良史」にあるが、米・千五百俵、金子・一万三千両と記録されている。このように実際は分相応の金品があったのみで疑わしいものは出てこなかった。

　前記噂に対しては日本文化史別録の著者辻善之助氏も「ほらを吹くのもこれ位にやれば

寧ろ無邪気であるが・・・」とそのでたらめさを認めているが、庶民には正規の情報は届かず、間違った噂書きのみ出回り、それらはその後もなんら修正されていない。

あと一つ、意次の賄賂を決定づける証拠として、現在も使用されている話で間違った扱いがあるので指摘しておく。松平定信が田沼意次に賄賂を送り「溜間詰」の地位を得た、という話は有名であるが、そのことを次期将軍へ上申したのは当の松平定信である。しかし意次が収賄したか取り調べた形跡は全くない。

この時田沼意次も将軍へ上申している。(両者の上申書は後藤一朗著「田沼意次」に詳しく載っている) 意次はその中で、「不信を蒙るようなことは一切行なっていない」と言っている。争っている一方の言い分のみを採用し、それをもって「収賄した証拠」とするのは間違いである。

意次の上申は全く聞き入れられず、その二年後没している。

「田沼時代」という言葉ができたのは大正以降のことである。その頃を境に田沼意次を賄賂政治家とする記述が非常に多くなった。本書で指摘したように、家治が将軍であった期間の政治は家治自身が行なっていた。あえて「田沼時代」という言葉を使用するのであれば田沼意次が執政を任された天明期の六年間である。徳川実紀附録にはその頃であっても田沼意次は家治を大変恐れていた旨の記述が見える。

また同実紀に、困窮する藩へ「恩貸」と称し金を貸し与えた旨の記述がしばしば登場する。この権限は依然として家治が有していた（既述）。したがって意次が専権を有する意味の「田沼時代」という言葉はややオーバーに聞こえる。そもそも「田沼時代」という言葉の作られた意味は、田沼意次を褒めたのでなく「賄賂の横行した政治の元凶は田沼である」ということを強調するためのものであった。

私たちはこのような歴史を歪曲しようとする言動に迷わされてはならない。正規の資料および事跡を見た上、総合的に判断し評価すべきである。

日本を近代化に導き、そしてわが国およびアジア諸国をヨーロッパ列強の植民地化から救った「家治の改革政治」、その評価が「賄賂の横行した乱れた世」という一言に矮小化されてしまっている。こうした間違った情報を排除し、あらゆる方角から観察して正しく評価するよう望むものである。そこには従来の評価と全く違う、すばらしい「家治の改革政治」が見えてくるはずであります。

第八章　終章「家治の改革政治」の教訓

宰相の知識とリーダーシップ

　宰相には政治知識とリーダーシップが不可欠であり、この二つが揃ってこそ立派な政治ができるというものです。家治は尊敬する祖父吉宗および儒臣、成島道筑に帝王学を徹底的に教育された。歴代将軍の中で、これほど多く帝王学を学んだ人はいないであろう。また外国、特に中国、ヨーロッパの動向に目を向け、その方面の知識をも持っていた。以上のことは徳川実紀などに記されており、家治の知識の深さは多くの人の知るところであります。

　しかしその知識を実践面に活かしたか否かとなると、ほとんど触れられていない。むしろ実践面に生かしていない、との評が圧倒的に多い。だが徳川実紀などをみると、既述のごとく、この「政治改革」は将軍家治により行なわれたということがはっきりと読み取れる。

彼は歴代の政治家の事例を紐解き、どうすれば国が興るか、また衰退するか十分承知した上執政している。「家治の改革政治」この理想的な政治は、十分な帝王学を身につけた家治であったからこそできたのであります。

家治はリーダーシップについても非凡なものをもっており、調べていくと次のことが分かってきました。

家治のリーダーとしての特徴は、臣下の者たちの人心をよく掌握していたことです。具体的には能力重視の人材登用を行ない、よく働く者には思い切った恩賞（加増など）を与えている。臣下の者に対する配慮は寛政重修諸家譜（＊6）に見えるごとく、非常に手厚い。与えた仕事（諸改革など）は最後まで任せ、やりぬかせている。次項で記す側近の田沼意次、外交の石谷清昌、通貨の川井久敬などはその好例であります。

部下の誰よりも多くの知識を持ち、その上大局観にも優れていたので臣下の者たちはみな安心してその指示に従うことができた。そして彼らは、画期的な大改革に立ち向かい、全力を傾注し、その難事業を成し遂げている。家治のリーダーシップのもと、配下の者たちが良くまとまり、彼の意とする政治を行なっていったのです。

以上をまとめると、家治にはリーダーに必要な知識、包容力、大局観、決断力が備わっていたと言えるのです。

これらはいつの時代にも政治家には欠かせないものでありますが、全てを揃えて持つことは難しい。しかし宰相になる者は、これらが不可欠であるということを認識し、完璧に身につけるべく努力しなくてはならない。

言葉にまとめると「宰相たるものは十分な政治知識とリーダーシップを身につけるべし」となり、これを一つ目の教訓とする。

トップを支える補佐役の力量

いつの時代も優れた宰相のもとには良い補佐役がいた。家治のもとには有能な幕閣が数多くいたが、その中で最も手足となって働いたのは田沼意次であろう。では意次はどんな仕事をしていたのだろうか。

大石慎三郎氏は著書「田沼意次の時代」で次のように語っている。「宝暦八年（一七五八年）九月、一万石の大名になるとともに『こののち執政と同様に評定所に出て訴訟を承るよう』命ぜられている。そして同十年には、それまでは評定所に出た時に、将軍のところに伺候して報告を求められていたのを、今後は常に伺候することを許され、折々顔を出すよう命じられている。つまり宝暦八年九月以降、評定所の審議についての将軍への奏請権は、意次が握っていたのである。評定所というのは幕政に関する最も重要な事項の審議立案をするところであり、それが将軍の決裁をえれば、はじめて法として成立するところであるから、その奏請権を握った意次の地位はほとんど決定的といってよいほど、大きいのである。」とその仕事の重要性を強調しておられる。

この宝暦十年に家治が将軍になるのであるが、意次の仕事内容は家重の時と変わっていない。意次の仕事をあと一つ挙げれば、藩主または藩の責任者たちの求めに応じ、藩経営の相談に対するアドバイザー的な役を担っていたことである。当時約三百の藩が藩運営の権限を将軍から委譲されたが、どのように運営したらよいかノウハウがなく困っていた。そこで彼等は意次などの幕府要人に指導を仰いだのである。

歴史書の多くに、江戸城脇の田沼意次邸には「意次在宅時はいつも面会者でいっぱいになっていた」との記述がみえる。その面会者たちとは「猟官運動（役職の引上げを狙う昇進運動）の人」と記述している書もみえるが、多数の人がひしめいている中でそのような話がされる筈はなく、意次に藩の運営について指導を受けに来たと見るのが妥当であります。「猟官運動の人」と言っているのは反田沼派の人（松平定信の親戚、松浦静山）の著した書物にあるもので、鵜呑みにはできない。

意次など幕府要人は藩主やその家臣たちを指導し、それを受け各藩はその藩にあった産物を的確に見つけ出し、特産品や貿易品として生産、販売したのです。そして藩や領民の懐を大いに潤したのでした。

幕府と藩が緊密に結びつき、多くの藩が藩改革に成功したのは事実であります。幕府要人の中でも意次は特に優秀であったが、家治はその意次を常に自分の手元に置き、手足のように使ったのであります。

第三章の内、「家治を補佐した幕府閣僚」の項で記したが、家治が意次と同様、手足の如く使ったのが、勘定奉行と長崎奉行を九年間も兼務した石谷清昌と、通貨改革で活躍した川井久敬であります。

家治は実績を上げた者には加増、昇進または特別手当（金銭）を与えるなどして、その労をねぎらい、それに見合う十分な恩賞を与えている。彼等ほどでないにしても同項で記した如く、家治のもとには有能な補佐役が数多くいました。

とはいえ徳川実紀には「御家人処罰」の記事もかなりあり、他の時代と同様、人材は玉《ぎょく》石混淆《せきこんこう》であったようです。家治はそのような臣下の者の中から優秀な人材を発掘し、能力を発揮させたのです。

政治家が大きな仕事をするには人材発掘の眼識と、選んだ人材を自由に操《あやつ》り使いこなす能力が必要となる。家治こそ優能な官僚を見つけ出し、彼等の持てる能力を最大限引き出させ、自分の目指した諸改革をなしえた真の政治家であったのです。「政治家は官僚の持てる能力を最大限引き出させ、使いこなすべし」これを二つ目の教訓とする。

国内自給率と環境問題

江戸時代、中、後半にかけての家治の時代の人口は、ほぼ三千万人であり、田畑の面積は約三百万町歩といわれています。

農業技術はスウェーデンの植物学者のツンベルクが驚嘆するほど進歩していたので、天候に問題がなければ余剰が出るほど収穫できていた。そのため放置しておけば米の値段はどんどん下がってしまう状況にあった（第五章参照）。

家治の正常時の政治は天明元年（一七八一年）に終わるが、その数年前から天候不順による食糧不足が現れ始め、天明年間はずっと食糧不足に悩まされ続けている。そのような時でも食糧を輸入するという習慣はなく、食糧自給率は常に百パーセントであった。

この頃は薩摩芋等根菜類が米の収穫不足を補っていた。薩摩芋は八代将軍吉宗の時代日本に入り、青木昆陽により広められたといわれているが、更に家治の時代に至り全国的に広まっている。この頃活躍した平賀源内は「物類品隲」という書物の附録に薩摩芋の栽培方法を記して（第六章既述）その栽培普及に協力している。

食糧自給率を百パーセントにするには、主食の危機にも対応できる代替作物、いわゆる米の不作時の薩摩芋の栽培といったようなものが不可欠であります。

天明年間米の不作が何年も続いた時、多くの人がこの薩摩芋により救われたとの記述もあります。

今後人類が存続していくには、食物の選択肢は多いに越したことはない。天候異変等により地球上の作物が一斉に不作となり、どの国も食糧難となる可能性は否定できない。江戸時代の人が低温に弱い米の不作に備え、気温に左右されにくい芋などの根菜類の栽培を奨励した如く、今後各国において主食に代わる代替食物を研究し、いかなる異変が生じても食糧確保を可能とする状況にしておく必要があるのではないだろうか。

環境面で言えば、当時の農業は循環型農業システムが完成されていて理想的に行われていた。人間の出した排便は業者によって買い取られ「ため桶で発酵させ、良質な肥料に加工」の上使用された。さしものツンベルクもこのシステムは理解できなかったようで、あまりの臭さに目と鼻を覆ったことしか書いていない。彼は日本の農業は天才的だといいながら、この糞尿の「ため桶方式」を見落としている。実はこれは日本人の立派な発明であり、循環型農業の核となる部分であります。

残念ながらこのすばらしいシステムは、金銭的な損得、衛生面、効率面などのデメリットが強調され、捨て去られてしまった。しかし生物が生存する間は必ず生ずるこの糞尿を「汚物として捨て去る」か「資源として再利用」（良質な植物を生育させる肥料として使用、または発酵させエネルギーとして使用など）するかは、環境を語る上で真剣に取り組まなければならない課題と考える。このシステムが種々のデメリットをクリアし、全世界が「資源として再利用」すれば、地球全体の環境問題および食糧問題に必ずや好影響をもたらすものと信じるものであります。

ツンベルクが日本人の食べ物に関し次のような旨の感想を洩らしている。「日本人はほとんど動物の肉を食べない。農地に、家畜の餌用としての作物を作り、その肉を食べるということは非常に非効率なことで、それをしない日本人は農地を効率的に使用しているといえる。」このように述べている。

また参府旅行中に見た自然の美しさについては「（大坂を過ぎた伏見の景色）ここの景色は非常に美しい。画にしておみせできないのが残念だ。（富士山）この山はこの島第一の高山で、常時雪に蔽《おお》われている。眩しいほど白いその頂は、雲を貫き雲を透して輝いている。（箱根の自然を満喫した後）我等は名残を惜しんで漸くこの美しい所を離れた。（蛍について）ヨーロッパの放光虫はじっとしていて動かないが、日本の蛍は、或いは高く或いは低く飛び交い、流星に蔽われた空のような眺めを呈する。」とその美しさを愛でている。風俗習慣と食料品の量については「（日本の道路について）この国内いずこに於いても道路は非常によく手が入っていて道幅広く、且つ排水のための溝がついている。また秩序を保ち旅人の間に喧嘩口論なからしめんため、首府の方向に赴くものは道の右側を歩み、還るものは左側を歩くことを強制する規則を設け、注意を払っている。欧州のいかなる国においても日本に於ける如く愉快に、且つ容易に旅するところなきことを断言できる。（清潔について）清潔ということはこの国民の特徴である。この特徴は衣服の上にも、住宅のうちにも、食卓の上にも輝いている。日本人はほとんど毎日、自宅に温水を沸かしてこれに入る。旅人が宿に入れば風呂の用意は常にできている。しかも極めて安い。（日本の食物）日本諸島ほど食料品が豊富な国は世界中どこにもあるまい。土地から又近海からも、あらゆる種類の食料品を天然に獲るし、又人工によりこれを殖し獲ることもできるのである。」

日本はヨーロッパ中にこうした表現で紹介されたのです。世界を見てきた一流のヨーロッパ人が、当時の日本をこのように高く評価していたことを我々は再認識すべきであります。

この日本の良き食・風俗習慣、循環型農業はいつまでも守っていきたいものであります。しかるに私達の食生活や農業はいつしかヨーロッパ式に変ってしまっています。人類の繁栄を永続的に願うのであれば、この「日本式」の農業や食糧確保術を見直し、良いところは全世界へ広めるべきではないでしょうか。

「日本式の循環型農業と効率的食糧確保術を見直し、推進すべし」これを三つ目の教訓とする。

自由・平等・平和な社会

家治の時代がいかに自由であったかを端的に示すならば、「言論」と「教育」をあげたい。言論の自由では、黄表紙、滑稽本などの江戸新文学にそれが見える。大田蜀山人や山東京伝が自由に江戸新文学を書けたのはこの時代だけだったのです。次の時代には言論統制を受け、彼らは徹底的に罰せられています。

教育の自由では杉田玄白が解体新書を出版でき、蘭学を自由に学べたのが象徴的です。玄白が蘭学の夜明けが来たと言って喜んだように、ほかの学問に携わる人たちも同様な思いをしたのではないでしょうか。

平等についてはいかがだったでしょうか。

最も不平等と言われる士農工商の封建制度が、この時はあまり感じられないのです。武士より庶民がすぐれている部門では、既に逆転現象が生じていました。国学の本居宣長、経世学の本多利明、絵師・俳諧師の与謝蕪村、彼らは商家、農家の出身者ですが、その弟子には多くの武士がいました。まさにそこは実力のみがものをいう、身分など関係のない、平等な世界となっていたのです。また武士であっても特殊な能力を持つ人たちは武士を捨て庶民になることを選んでいます。天文学者麻田剛立やマルチ人間平賀源内はその最たる人です。

最後に家治の政治を語る上で、最も特徴的な「国民への慈愛」について触れておきたい。私は家治ほど「慈愛」をもった政治家はいなかったと思う。国民にも、外国にも、家族にも、常に「慈愛」の精神をもって臨んでいた。政治家にはこの「慈愛」が最も必要と思うのです。戦争はこの欠如から起こる、ということを忘れてはなりません。

自由・平等・平和な社会、本来国民はこれを望んでいるはずであります。

ではあるが、それよりも既得権を有する者は、自分にとって都合のよい権益を死守しようとする。一旦得てしまった既得権はなかなか手放せないものである。この時代も武士たちの必死の抵抗により、「士農工商」をしっかりと守る古い制度に戻されてしまった。この逆戻し現象が世にいう「寛政改革」であります。

何も知らない一般大衆は、規制強化で規律正しくなった世の中を見て、一旦はこの新たな政権に拍手を送っている。

だがこの新政権が自由と平等を排し、規制を強化するようになって国民ははじめて気がつくのです。今までの政権が国民に与えていた「自由」が、いかにありがたいものであったかを。

次の句がそれを如実にあらわしている。「白川の清きに魚の住みかねてもとの濁りの田沼恋しき」（白川とは新政権松平定信、田沼とは旧政権田沼意次のこと）その後幕末まで起伏はあるものの、家治の時代のように、庶民が自由で平等な社会は現れなかった。

家治が自由、平等、博愛の政治ができたのは、国民との良好な信頼関係があったればこそ、と思う。政治家と国民、双方が信頼し合い、互いに努力すれば自然に良い結果が生まれるのではないでしょうか。

教訓四に「自由、平等、博愛の政治により平和な国創りを目指すべし」を掲げる。

以下に、本章で掲げた教訓のみをまとめてみました。

一、「宰相たるものは十分な政治知識とリーダーシップを身につけるべし」

二、「政治家は官僚の持てる能力を最大限引き出させ、使いこなすべし」

三、「日本式の循環型農業と効率的食糧確保術を見直し、推進すべし」

四、「自由、平等、博愛の政治により平和な国創りを目指すべし」

この四つの教訓は、いつの時代でも、また世界中どこにでもあてはまるものであります。家治執政のもと、この教訓にあるような政治が行なわれ、平和な国創りがなされていました。残念ながら将軍が後継者を失い、また天変地異という自然災害に遭遇し、その政治は終わってしまいました。

しかし江戸時代にこれだけのことができたのであります。現在の発達した交通・通信手段をもってすれば、当時のわが国を現在の全世界に置き換えてみることも不可能ではありません。

この「家治の改革政治」に近代的手段を加えれば、地球上飢える人もない、戦争もない、平和な世界が見えてくるはずです。この素晴しい教訓が生かされ、全世界に平和が訪れることを切望するものであります。

立証資料（本文中＊表示したもの）

※１「徳川実紀」抜粋

「徳川実紀」は江戸幕府の正史。一八〇九年編纂に着手、一八四九年成立。初代徳川家康から十代徳川家治に至るまでの将軍中心の編年史。
本書では十代家治編の本篇および附録一～三を抜粋した。ただし、紙数の関係から、家治の人となりを総括した附録に重点を置き掲載した。

宝暦十年（一七六〇年）五月十三日　家治、西城より本城へ移る。（将軍に就任）
家重、二丸に御隠退あり、大御所と称す。
五月十六日　目付して百人先手諸隊の与力同心、銃技を試しめらる。
六月十日　儒臣林信愛、雁間にて経書を講ず。是、月並の定例といえども御代替ののち始めてなれば聴衆みな麻上下を着す。

八月五日　今日諸国巡視の法令を下さる。（巡検使の傲慢を廃した画期的法令）
御使巡行の道路、洒掃（清掃）を加えず。新たに道をひらき、橋を架けることを禁ず。歓待して送迎の者を出すことは許さず。御朱印の券に載られし数の外に人馬もちうる事あればその賃銭とりて出すべし。巡行の道路にて農民は、はばからず耕作すべし。御使の宿る旅舎、いささかも修繕をなさず、部屋もそのまま用い、飲食の雑器もあるものを用いるべし。村の中に御使の宿るほどの家がない時は、寺院を用いるか近くの村の宿舎を利用すべし。飲食代金は時価にてひさぐべし。その地になき品を取り寄せ、接待をしてはいけない。御使に金銭、物を贈ることを許さず。違反した場合、重く罪蒙るべし。御使、その下部の者は、その土地のものを買い求めることも許さず。荒野、広原の地にても新たに茶店、酒店など設けて接待することは許さず。巡視のために国、城の絵図を作ること、戸口、人馬の数を改めて調べ直すことは禁ず。
八月六日　御料（幕府管轄地）の農民を私に（勝手に）処罰した罪により池田重寛老臣等は江戸追放等処せらる。
八月九日　上記処分について。農民を厳科に処した経緯を幕府へ報告した際、紛らわしき文書をもって逃れようとした罪軽からず。しかし藩主の重寛は弱年の事なれば罪なしとし、今後一門の者共よく協議し、誤ること無きよう注意を蒙る。
（以下家治の嗣子家基の死亡時近辺まで省略）
安永八年二月二日　家治、亀有村のほとりに御放鷹あり。御みずから鴈、鴨、狩得給う。
二月四日　家基、目黒のほとりに御放鷹あり。
二月九日　家治、吹上御庭にて近習、外様の士の騎射を閲し給う。射手五六人。禄例の如し。

二月十日　家基、山里の御園にて、内外の士に騎射を命ぜられて御覧給う。射手十九人。禄例の如し。
二月十三日　家治、濱の御園にて小普請の士、百二十一人の乗馬を御覧あり。
二月十五日　今朝家治、朝会はてて西城にわたりたまい、家基饗したまう。
二月二一日　家基、新井宿のほとりに鷹狩し給い、東海寺にいこわせらる。俄かに御不豫の御けしきにて、いそぎ還らせ給う。
二月二四日　家基、巳の刻死亡。今日よりして音楽、営築を停廃あり。

浚明院殿御実紀附録一
家治が幼少の頃、祖父吉宗に文武の帝王学を教育され、それを素直に受け入れ順調に育った模様が記されている。吉宗は「国家を治め万民の父母となる身は聖人経国の要道、和漢の治乱の事実に暗くしては成り難し」といって「日々儒臣（成島道筑《なるしまどうちく》）を召して経書はさらなり、和漢の典籍を進講させた」。家治は祖父の意を汲み、その教えに従い一生懸命勉強に励み、前・後漢書、三国志など暗記するほどまでになったことが記されている。
西の丸にいるころ家治が道筑を近くに召し「我、四書五経等の講を聞き、聖人の道をほぼわきまえるといえども、大海《たいかい》の津《つ》、果《は》てなきが如く手のとどかざる様なり。このうえいかなる書を読みなば、身を修むる手本ともなり、天下を治むる後立ともならむ」といったので道筑はその言葉に感激し「君いまだ御若年にましましながら、御政治の根本となるべき所に御心づかせられ、聖賢の古書大半御覧終られ、しかもこれにあきたりとし給はず、御輔益《ごほえき》となるべき書を求められる」「この上は歴代の帝王の事跡をご覧あり、何が国の興るところで、何が国の衰うる所かを御考えの上、御学問するを要道と申すべし」と答えた。家治は「尤《もっと》もなるよし仰せありて、本日より直ちに史漢の類を講ぜしめられし」と実際の政治に活かせる勉強をした。

将軍に就いた日の翌日、老臣松平武元を御前に召し「我年若くして、いまだ国家の事に習熟せず、不幸にして父君御多病にましませば、やむ事を得ず万機（将軍職）をうけ、ふかく恐れて、手足の置き所なきごとし。汝は分けて祖父君の御時より政務にあづかり、御旨をも伺い知り、数年その職に精錬せし事なれば、今日より後何事によらず、心の及ぶほどは皆告げ教え、我もしあやまちあらん時は、言をきわめて糺しいさめよ。我もまた懐を虚にして諫めを納むと仰せ下さりしとぞ。」このように家治は幕臣に対しても非常に謙虚な態度で接している。

父家重の代は将軍が病弱であったため武芸が廃れていた。家治はそれではいけないとの想いから、自ら率先して武芸に取り組んでいる。家治の次の記述によりそれが裏付けられる。「ある近臣が、公にはふかく弓馬を好ませ給い、その技量の程は並の人の及び奉るところにあらず。これは御祖父（吉宗）君の御風儀に似させ給える事かな」と言うを聞き、「我弓馬を、わけて好きというにあらず。およそ好きというは、公家にては兵学・武芸、武家にては和歌・蹴鞠などにふけることを言うのである。我家人等が、家業にうとからん事を憂い思うゆえに、成丈は怠りなく試むるなり。これ武家の棟梁たる身の天職に奉ずるところなり。好きというはあやまりなり、と仰せられしとぞ。」武士の仕事としてやっているのだといっているのである。

家治晩年のことであるが、江戸の町に火災が続き、また長雨による水害に庶民が困窮しているのを見て「古より名君・賢相、上にありて政治する時は、天地も和合し、風雨節を得、五穀も豊かに熟し、士民難苦をまぬがるるとぞ聞こえおよびたるに、かく近年人災・天災打ち続くは、わが身のいまだ至らざるところあるゆえとみゆる。みなで相議し、庶民の難儀など政治の行き届かざりしところあらば包み隠すことなく申し出よ。」と仰せあり。近臣の者がそのようなことはなく、万民は泰平を楽しんでいる旨答えると「さにあらじ、古より下情をふさぎ、言語を通ぜざるは悪い世のならわしなり。汝等直言を吐くべしと三度まで押し返して仰せあり。」といって、悪いことがあっても隠しているからではないかと疑っている模様が記されている。いくら誠意をつくした政治を行なっても、天災等災害が次々に襲ってきて家治を窮地に追い込んでいた。当時はまだ「小氷河期」にあり、時として寒期が続き、生きものに害をもたらしていたが、この数年がまさにそれに当たり「天明の飢饉」を誘発している。ほぼ同じ頃、最愛の妻が死亡、それを追うように娘も病没、一人残った嗣子までも事故で亡くすという不幸が相次いだ。また家治が将軍になった時からずっと側におり、頼りにしていた二人の忠臣（松平武元、板倉勝清）が相次いで亡くなっている。それに加えて上記の災害が生じたのである。このように不運が続いたのであるから、神仏を信仰する風潮の時代にあって家治がその思いを抱いたとしても無理からぬことである。その後家治は気力、体力とも衰え、死亡するのであった。

浚明院殿御実紀附録二

ここには家治の人柄、いわばどのような人物であったかということが主として記されている。家治の寛大仁慈のふるまいが、多くの事例の中にみえる。部下との接し方、その使い方が具体的に記されている。そして封建社会の中にあって最高の権力を持つ将軍が、こんなにも部下のことを思いやっていたのかと疑いたくなるような事例がいくつもある。特にこの附録二は、家治が非常に心優しい、思いやりのある将軍であったと内面を強調する構成となっており、まず「寛大仁慈」から始まっている。

その第一は紅葉山の霊廟へ詣でた時のこと、ことなれぬ先導の者が手違いを犯し、いつもと違う道を通ってしまった。人々「いかなるお咎めあるべきにや」と心配したが、何のお咎めもなく次のようなお言葉があったと印されている。「これからは供奉の若年寄、御側二人唐門の前にいるようにせよ。さあらば先導の者、必ず気付くであろう、との御旨なり。これより後はこの方式となった。すべてかようのことに御心を添えられ、人の過失少なからん事を御本意とせられき。」と罪になる人を少なくすることに留意している。

その第二は、安永三年二月有栖川職仁親王が参向された時のことである。家治に対顔する際、親王が手順を間違えてしまった。それにつられたのか、家治も一つ手順を落としてしまった。老臣らは、それには何か訳があるのではないかと話していた。田沼意次からその事を聞いた家治は「彼宮は関東の方式に暗きとみえ、対顔のとき品を越えて進まれしかば（その行為は間違い）、この方よりもわざと送らず（通常は送る）省略したのである。」と話された。親王はその話を伝え聞いて、大いに敬服せられた、とある。

家治が田沼意次を特別に優遇したといわれているが、年寄衆に聞くと、それは家重の遺言を家治が堅く守っているからだと言う。「家重殿、御眷注《けんちゅう》（めぐみ・なさけ）深き人にて、大漸（死）にのぞませ給ひしとき、主殿頭（田沼）はまたうと（全人＝何でも良く出来る人）のものなり。行々心を添えて召使わるべきよし、御遺教ありしにより、至孝の御心より、なを登庸（昇進させ重く用いる）なさるのだといわれている。ずっと後のことになるが、主殿頭、威福をはり（威張る）もっぱら壅蔽《ようへい》（君主の耳を塞ぎ、人の善言を聞かれなくしてしまうこと）せし様にのみ申し伝えるは誤りなり。主殿頭も常に、公（家治）の御英明をおそれ奉りしとぞ。」（最後のくだりを省いている歴史書が多い）この後に田沼が家治の注意を受け恐縮した記事があるも、紙数の関係から省略する。

そのほか主だった項目を拾うと、

・白須政賢、伊藤忠勤登庸（両者小納戸頭取という下役であったが切磋琢磨して競い合っていた。二人の努力を認め同じように登庸したが、人々は家治の鑑識眼に敬服した。）

・松平乗尹（家治が式典の仕度をするに謡曲を謡いながら行い、遅くなっているのを諫めたが、家治は笑って「織部にしかられた」といい、注意されたことを喜んでいた。）

・白須政賢、不憚直言、家治却喜之（白須の輩下の者が、家治に庭の塵を掃き捨てるよう注意されたので直ぐに行なおうとした。すると側にいた白須はその者を「御庭の者に掃除させよ」と叱った。家治はそれが筋というものだと納得し、以後白須を一目置くようになった。）

・松下昭永（六十越すまで御側に使え、常に御談話の御相手をしていた。この項にはその武勇伝がいくつか紹介されている。彼は自分の出世より、若手の有望者を抜擢するよういつも進言していた。それを受け、家治と田沼意次が若手を抜擢する記述が紹介されている。）

・家治憩民家愛撫小児（羅漢寺のあたりへならせられしとき、途中で歩行から馬にすることにした。家治は馬が来るまで、民家の陰にて仮眠をとっていた。その家の小児が出てくるも、あまりの物々しさに驚き大声で泣き出した。家治は「御目覚まされ、苦しからずとて、御手にて児の頭をかいなで給い、泣くまじ泣くまじと仰せありて、しばしその児を愛弄せりとぞ。」このように家治は従来の将軍と違い、庶民と非常に近い存在にあったのである。）

浚明院殿御実紀附録三

この附録三には、主として家治がいかに優秀な人物であったかを示す記述が多くみられる。

まず初めに「人々皆その御記憶の強きこと常に感服している」と家治の記憶力の良さを示す事例をいくつかあげている。次に腕力も強かったこと、海外情勢にも気を配っていたこと等を示す記述が見える。また家治は政治上の諸改革を行なっているが、何事を行なうにも規則および前例を調べた上、それに「御みづからの御思慮を加えられ」実施したとある。当時代は江戸城内では調度品から食べ物に至るまで、徹底して質素・倹約を旨としていたが、この附録三ではそれを証する記述も多い。趣味に関してはその種類も多かったが、どれも熟練の域に達していたとある。そして最後に人生の終期（死）に際し、どのような態度をとったかの事例をいくつか示している。家治の項を締めくくるに相応しい、能力・実行力・事跡が記され、きれいな最期に至る過程が記されている項である。そのうちのいくつかを紹介することとする。

• 家治留意海外情勢（家治が浴室にて小納戸根来内膳長郷に「汝の隣は誰か、また仲良くしているか」と問われた。内膳が両隣とも仲良く暮らしている旨答えると、「それはうらやましい」といい、さらに「我は隣との意思の疎通が儘ならず、ゆくすえ心もとなくうれい思えば、朝・暮やすき心もなし。」と言われた。内膳が、家治の隣家は御三卿など身内の家であり心配事があるとは考えられずにいると「我隣というは唐土、朝鮮、天竺、和蘭、その他の国のことである。それらの国とどうして付き合っていけばよいのか悩んでいるのだ。」との仰せあり。内膳には見当も付かず黙ってしまった。）

• 家治尋旧規（家治は何か事を行なうときは必ず規則を調べ、また前例を尋ねた。そして幾度も自らの御思慮を加えられた後行なった。重要事項は当然として、調度品のことにまで前例を尋ねられた。）

• 家治察下情（小納戸頭取、奥番、膳番などへ事を命ぜられるたびに、かようの事をなしては、下にいたむものなしや、いかがと仰せらる。かりそめのことも、はじめに下の情を問わず直に仰せ出さるる事はなかりしなり。）

・家治壮時快活（大的御覧の時、上手の射手をば高らかに賞し給い、また難弓の者射損じなどする時は、高声に御笑いありしこともあり。鷹野の御休所にて、鷹匠、鳥見など軽きものまで御前に召し、団欒に座せしめて、小姓衆にくみとらせ、酒賜り、御自らすすめ給いしこともあり。御年若きときは、すこし御性急にて、小姓、小納戸衆など、物食う暇なき事もありしが、御年三十に満たし給う頃より、ものごと寛容になりたまいしとなり。）

・家治避華美調度品（近習の人に仰せられしは、かりそめの調度とても、世の末になり行くほど、華美に移り行くものなり。天下に主たる身としては、いささかの事までも心をこめて、華美にならざるようにすべきなりと仰せられしとぞ。）

・家治不好異風（常づね異風なることを嫌わせたまい、御刀、御差添等いつも御柄は黒糸にて巻きており、室は黒塗りに定まりしことなり。世の中が華美になりたるよし聞召され、ふかく嘆かせ給い、それを禁ずる法令を出すこと三、四度に及びたり。）

・家治不好珍味（常の御膳に少しも奇味を好み給わず。かわりたるものをすすめ奉るときは、必ず膳番の人を召して、これは先代よりすすめし品にや、我世にあたり、はじめてまいらするにやと御たづねありて、先代よりすすめ来たりし品のよし答え奉れば、さらばとてきこしめしが、すべて珍味は好ませ給わざりし。常に近習の人へ仰せられしは、「食は口腹をやしなうまでの物なり。珍膳、美味を求めて、口腹の欲を満たすは、あるまじきことなり。珍膳、美味を食らえば、おのずから慣わしとなりて、めずらしからざる品にむかえば、心よからぬものなり。平常の品と珍奇とを考え見るに、食しなれたる味は、腸・胃を和順し、養生の第一ともなり、かつは徳義の一端ともなるべし。もし珍奇の食をむさぼり好めば、病を生ずるのみならず、その弊奢侈にすすみ、徳義を失う基ともなるべし。我平生、食し慣れし味の外、敢えて珍膳、奇味を好まざるは、かへりて大なる味を嗜むなり。」とて御笑いありけるとなり。）
・家治安天命（天明六年八月、家治の病が重くなり、周りの人々嘆くこと限りなし。なかでもお部屋の方＝蓮光院殿は一方ならず、日々僧侶を召して加持祈祷をさせ、また霊験著しいと言われている高僧の符籙を取り寄せ、御病体の御枕もとに置くよう老女をもて奉られし。家治はそれを見て「よく心付きし」とのみ御意あり。老女退きしに、御側に侍りしたる小姓駒井信貫に「かの符籙は取り捨てよ。生死は天数定まること、僧侶、巫女のしる所ならんや。もし我祷あらんには、伊勢・日光、両宮の外有るべからず」と仰せありしとぞ。ここでわかることは、家治が自分の余命を有る程度感じていたこと、加持祈祷など非科学的なものを信じていなかったことなどである。）
以上にて徳川実紀・第十編、徳川家治の部は終了とする。

※2　ツンベルクの「日本紀行」抜粋（この項では原本のツンベルグを用う）

ツンベルグ　日本紀行　昭和三年六月十五日初版発行、同四十一年九月十日復刻版発行
帝国大学助教授　文学士　山田珠樹訳註　（株）雄松堂書店刊
序　ツンベルグの旅行記の日本紀行の部分だけを、一七九六年巴里出版の同地国立図書館東洋文書係エル・ラングレの手になった佛訳本によって、邦訳したものがこの本である。（以下長文につき略記する）
ツンベルグは一七四三年十一月十一日に瑞典（スエーデン）のヨンケエピンクで生まれた。
ツンベルグは十八歳までその土地の学校で教育をうけたが、非常に優秀な学蹟を示したので、ウプサラ大学に送られ、更に研究を積むことになった。主として学んだものは医学及び博物であった。ことに当時

同大学には植物学の世界的大家リンネが六十三歳で猶矍鑠として教鞭をとっていたので、これに厚く師事した。

かくて在学九ヵ年の後デ・イスカデと云う論文を呈出して博士の称号を獲るに至った。

卒業後リンネの薦めで、南アフリカおよび日本の現状を調査するため現地に行くことになった。日本を調査するに当たっては、それと比較するため、事前にヨーロッパ諸国の政治状況を見ておく必要があった。

依って、一七七〇年八月十三日、ヨーロッパ諸国研究旅行の途についた。丁抹《デンマーク》を通って、十月初めに和蘭《オランダ》アムステルダムに到着し、リンネの紹介により植物学者ブルマンに逢い、非常に優遇された。

ブルマンはツンベルグにいくつかの課題を与え、その仕事ぶりを見た上、和蘭政府に喜望峰の博物調査を完成せしむるに最も適当な人として推薦するの決心をした。

ツンベルグは和蘭に滞在すること僅かにして、更にその旅行を続け十二月初めに巴里に出た。巴里では王立植物園やゴブラン織工場を見学したり、病院で教授連中に従って診察したり、又その講義を聴いたりした。そして翌年の七月末に又和蘭に帰った。

ブルマンは一層ツンベルグに好意を示し、二、三の富裕なる特志者を紹介してくれた。彼らは今度の旅行費用を負担してくれることになった。

かくて準備的研究を終えた後、和蘭東印度商会の員外船医と云う資格をうけ、喜望峰および日本に向け出発した。一七七一年十二月テクセルを出帆、翌年四月ケープタウンに到着した。(以降省略)

本来、日本紀行の各章における興味深い記事を掲載したいところであるが、紙面の関係から第十章のみ抜粋することにした。興味のある方は原書籍をお読みください。

第十章　日本人の顔貌、日本人の性格

体格　日本人は一体に体格巧がいい。身軽で、均整がとれ、丈夫で、筋肉が逞しい。然し欧州北部の人と力闘することはできないだろう。男子は一般に普通の背丈で、過度ならざる程度に肥えている。かなり過度に肥満している人も沢山見た。

皮膚の色　皮膚の色は薄黒いもの、銅色、褐色、白などいろいろある。楽に暮らす身分の婦人は、外に出れば被布を冠るから、その白さにおいては、欧州の美人に劣らない。

顔貌　日本人は支那人と同じで特別な形をした目をしている。細長で、深く落ち窪み、且つ絶えず目を瞬いている。瞳は褐色というよりも黒色に近く眉毛は馬鹿に上の方にある。目頭が他の国民と異なり、細く且つ尖っている。そのため眼差しが鋭くなるのである。巨頭で、これが非常に短い頸の上にのっている。鼻は低く、大きく且つ押潰されたような格好である。

特質及び欠点　この国民の精神は体に劣らない特徴を持っている。そしてどの国民でも同じであるが、善い性質も悪い性質もある。しかし全体からいえば善い性質の方が勝っている。気が利いていると共に賢明である。柔順であるが、同時に正義を愛し又ある程度までは自由を主張する。活動的で、質素で、経済的で、誠実で且つ勇気に富んでいる。欠点は、迷信的で、自惚れ強く、疑い深い点である。

文明の程度　私としては文明国民に比して遜色のないものと思っている。その政治組織、外国人に対する態度、その美術、土地の耕作、国内至る所に見られる豊富な産物、その他いろいろなものが、この国民の賢明にして意思強固に且つ勇気に富むことを証している。他のアジア、アフリカの国民の間によく見られる滑稽なる御世辞の多い態度はこの国民の間では決して見られない。他民族が身につけている貝殻や硝子玉でなく、国産のよき布、清潔なる衣服、衛生的にして味よき食事、秀れたる武器（刀）、これがこの国民の求むるものである。

自由　日本国民は自由の権利を知らないものではない。この何人も大切にし、又滅多になき宝物である自由が日本国民のうちに常にあるものだとは私は決して言わない。その自由の程度は、次のことを言えばよく分かるだろう。法が正しく且つ厳正であるために、日本国民は放埒のもたらす害を免れているのである。日本国民は専制政治下にあるけれども、その専制政治は正義を排するものではない。全ての日本国民は法に対して平等である。日本の法律は身分低きものを身分高きものと同様に、時には身分高きものに対抗して保護しているのである。刑罰の厳重にして、処刑の迅速なる事は、よく罪悪を未然に防ぐこととなっている。

外人に対する態度　日本国民と外国民との関係から云うならば、全アジア中この国民ほど外国民を厳重に監視し、又この国民ほど賢明に外国人の奸策及び暴力の危から免れているものはない。（以下鎖国のことについて記されているが長文につき割愛する。）

礼儀　日本国民は幼年の時から主君及び両親に服従することを原則として教えこまれる。年長者の行動は若年者の規範とされる。さればこの国の子供はこの柔順なる心のお蔭により、我々欧州人が子供に頻繁に課する譴責及び刑罰を免れているのである。

好奇心　この国民は好奇心の強いことに於いて、私がこれまで見た、いづれの国民にも譲らない。この国民はヨーロッパ人の持って来るもの、身につけているものを、全て非常な注意をして観察する。そして全てについて知識を得ようとする。使節付の医者は和蘭人中の物識りということになっているから、狭い出島の商館に居る時にしろ、参府の途上にしろ、江戸滞在中にしろ、この医者が特にこのしつこい質問者の矢面に立つのである。この人々の質問は主として数学、地理学、物理学、薬学、動植物学及び医学に関していた。

発明心　この国民は発明心は欠乏している。工業は実際に必要のものに限られている。しかしこの国民の手になる物は全て尊むべき作品である。銅器その他金属製の細工物の光沢と美しさは比類がない。木製品は繊細美と堅牢ということを兼ね備えている。漆器の麗しきこと、刀剣の良質なる事も比類がない。

経済　私は日本において特に、かの賢明にして為になる経済の観念を認めることができた。(倹約のこと?)これは貧欲と混同してはならない。この反対は最も嫌うべき悪徳なのだから、私はこの経済の観念を美徳というに躊躇しない。この美徳は将軍の宮殿にも、貧人の小屋のうちにも等しく実施されている。貧人はその持てる少なきものに満足することを知っている。富める者はその財宝を濫費して、貧しき者を害し、良習に反するようなことは決してしない。この美徳ゆえに、日本人は賢明なる欧州国民の間に普通見らるる窮迫及び暴価という二つの禍から幸いにして免れているのである。この二つの同義語を日本語の内に見つけることは難しい。

寡欲　この国は人口が多いに拘わらず、乞食や貧人に逢うことは極めて稀である。この国民は必要以外のものは望まない。従って赤貧より生じ、又赤貧の原因となる悪徳を少しも持っていない。酔いどれも乞食と同じく稀である。化学の知識の無いことが却って幸いとなって、衛生的にして簡易なる栄養品を人間に与えるはずの植物の種子から、有毒なる飲料(麻薬)を搾り出すことを知らない。

清潔　なお清潔ということはこの国民の特徴である。この特徴は衣服の上にも、住宅のうちにも、食卓の上にも輝いている。日本人はほとんど毎日、自宅に温水を沸かしてこれに入る。旅人が宿に入れば風呂の用意は常にできている。しかも極めて安い。

忍耐　私はしばしば日本人の忍耐心と好意を実見して感嘆する機会に接した。ことに、恥ずべき奸策を弄して日本人から軽蔑を招き、嫌厭の情を起こさしている欧羅巴の商人に対し示される忍耐心と好意とに感嘆した。元来日本人は甚だ自らを高くする性質でありながら、心和やかで且つ親切であり、相手の友誼に対しては非常に敏感である。しかし侮辱されたり威喝されたりする時は毅然として立つ。

正義　この国では正義という言葉は決して空な言葉ではない。国人互いの間にこの正義の念が確く守られている。専制君主といえども、自分の近くの者に対してこの正義の観念を欠く行いをすることはできない。かかる性質の国民であるから、日本人と欧羅巴人との交渉がこれまで度々変化を見たとしても、その変化の罪を日本人に帰するのは間違いである。日本人は自ら条約を破ったことは決してなく、条約中のただの一語さえ変えたことは決してないのだということを我々は認めなくてはならない。

盗心　この国中いたる所全く安全に旅行ができる。追剥、小泥棒も極めて少ない。ゆえに欧州人は参府の途中、所有品をたいして監視しなくても紛失することは無い。

猜疑心　欧州人が二枚舌を使い、奸策を弄するので、日本人に疑念を起こさせることになったのである。

迷信　日本人が各階級に亙って非常に迷信深く、ことにかなり強い迷信家なのは、日本人が未だ科学的方面に進歩すること少なきこと、その宗教の迷れる教義、殊に僧侶の狡猾なことの当然の結果である。迷信は治療法の処置、物事を執り行う日取りをも支配している。

自負心　人間の精神に自然に表れる結合作用の結果として、日本人はこの弱点を自分達の性質の根底をなしている自負心即ち自ら高くする所に関係させている。かくてその国民は神から血を引くものと自称しているのである。この自惚れ心は多数のアジア民族に共通のもので、それを知らない欧羅巴人に対して、深い侮蔑の念を起こすのである。欧州人の狡猾なこと、不正をしたことは許すが、一寸でも傲慢な軽蔑的態度を示すと許し難い罪を犯したこととされる。葡萄牙《ポルトガル》人はそれを犯し失敗したので和蘭人はその轍を踏まぬよう注意すべきである。

勇猛心　この国民の不撓なる勇猛心は幾分かその自負の念高きことの弁明となる。

怨恨　かくの如く正義の念に厚く、同時に自負心強く且つ勇敢なる国民であるから、これに侮辱を加えるものに対しては一歩も譲らない。事実私はかくのごとく人を嫌う事、恨みを抱くこと深き人間を見たことが無い。この国民はその憤怒の心を外に出さない。その心の奥底に集中させておいて、機至ればたちまち復讐に出るのである。日本人は侮辱や罵詈に答弁をして自ら慰むなぞということは少しもなく、時によればこれに対し狡猾なる苦き微笑、或は長きエーエーの声を以って報ゆる位のもので、深き憎厭の念を心中に貯え続けている。外面は親しさをもって接するも、機至れば傷め、殺害してしまうのである。

※3　近世日本国民史（学政振興）

江戸時代の中でも最も学問が盛んであった十代将軍家治の時代の学政（制度）は、どのように行なわれていたか。徳富蘇峰の著した「近世日本国民史」に当時の学政が示されているので抜粋する。ここに掲げるのは上杉治憲が米沢藩で行なった藩校の学政であり、国の政策ではないが各藩が情報を共有していたことから当時の多くは同様の学政を敷いていたと推測される。

米沢藩の学政振興策

学館再興　安永五年（一七七六年）一月執政（家老）吉江輔長《よしえすけなが》を頭取、近習頭莅戸善政《のぞきよしまさ》を事務担当とし、その事に当らしめた。

学館再興次第　元来上杉家にては、元禄年中綱憲時代初めて学問所を開き、聖堂を建て講堂を設け、教化を鼓吹《こすい》したが、その後やがて衰退した。治憲に至りて、再興の志あり。さきに細井平洲《ほそいへいしゅう》を聘《へい》し、その端をひらきたりしが、上杉家江戸屋敷が江戸大火で焼失、平洲の宅も焼失し平洲も江戸へ帰り一旦その事は中止したが、この度いよいよその実行に取り掛かった。しかして同年二月家臣神保綱忠《じんぼうつなただ》を細井平洲に遣わし、学館再興について諮問するところとなった（神保は平洲の門人）。

学館組織　四月学館建築落成、興譲館《こうじょうかん》と称した。正面に聖堂あり、治憲の親筆、先聖殿の額を掲げる。左に講堂、右に文庫、学寮二十余室、その他当直所、食堂、厨房、主宰局、番人室等ことごとく備わり、片山一積《かたやまいっせき》、神保綱忠を提学《ていがく》として、学政を督させしめ、諸士の才学ある者二十人を選び、三ヵ年定詰勤《じょうづめきん》学《がく》を命じ、また二十人の内より二人を選び、一人を学頭として都講《とこう》と称し、他の一人を書籍方《しょじゃくかた》として典籍《てんせき》と称し、この両人は学政に関与す。その他の十八人を諸生と名づく。都講典籍は手当金、年二両、諸生は年一両、何れも賄い炭油を給す。ほかに自費生十余人、一ヵ年定詰勤学《じょうづめきんがく》を許され、之を寄塾生《きじゅくせい》と名づく。

学則大要　提学（片山、神保）は毎月六回、講堂において講釈をなし、ひろく士民の聴聞を許す。諸生は扱いを定めて、童生に教授し、また奇塾生とともに日課、会議、詩文会等を課業とす。また司禮者に命じ、毎月三回、館に出でて定詰生および童生に禮式を教えしむ。総《すべ》て学館では長を敬い、齢《よわい》を尊《たっと》び、上《かみ》は大身《たいしん》より下《しも》に扶持方組《ふちかたぐみ》に至るまで、皆な年齢をもって席次を定め、先生に事《つか》うる父の如く、長者に対する兄の如く。治憲自ら館に入りて講を聴くときは、講者に同席見台《どうせきけんだい》を許し、諸公子はいずれも諸生と同座して、共に課業に臨《のぞ》むこととした。

平洲再来　九月十二日、細井平洲ふたたび米沢に来る。これは学館再興につき、学政諮問のために招待したのだ。彼は執政吉江輔長《よしえすけなが》の官宅を旅館と定む。十八日平洲荀子《じゅんし》を旅館に講ず。侍頭、奥取次、大目付、宰配頭、六人年寄、郡奉行、町奉行、御使番等の諸要職、いずれも礼服着用のうえこれを聴聞す。翌十九日、平洲書経を学館に講ず。聴聞者実に四百人。しかして安永六年二月二十一日平洲は江戸へ帰った。

諸規則制定　この月片山、神保の両提学は、平洲と協議の上、興譲館戒令、興譲館戒約、興譲館当直勤方等の諸規則を制定した。戒令は提学より諸生に指示するもの、戒約は諸生相互間の規約、当直勤方はその名の示す如く、当直の勤務掌程である。

禁酒　いま戒令中の一項をかかぐれば、一、塾中にて酒相用ふ候義之を禁ず、しかしながら薬用酒用ふ候義は、夜分休みの節、独盃に限るべし。集飲は堅く之を禁ず。このほか薬用といえども休みの刻以前之を許さず。そのほか講堂において食飲の義は、塾生家督婚儀名跡組替え等の節は、祝の酒相催し候義は格別、そのほかは之を禁ず。しかしながら別段の仔細之有る者は、臨時伺いの上指揮に随うべき事、の類である。

学風根本義　しかしてその学風の根本義は、細井平洲が治憲に答えたる書中に「御国にて学問所を御造立あそばされ候御本意は、御先祖様よりの風俗を失い申せず、萬人安堵仕り候様にあそばされ候度しと申すところ極意にて、人を利口発明にあそばさると申すところにては御座なく候。・・・米沢の学風は、まず第一人情の質、実に相成り、浮行虚飾の之無きようにあそばされたき御儀と存じ奉り候。」また曰く、「御学問所を御立てあそばされ候本意は、米沢の人俗、質実を失い申さず、浮虚にならぬようにと申すところ、肝要に御座候。大夫は大夫の道を守り、士は士の職を守り、上下貴賤一同に、米沢よりよき国は之なしと存じ候様に致したく候。」これにて興学の目的とするところが、ほぼ推察せらるるであろう。

以上が当時の米沢藩、藩学校の模様である。

※4　心学―手島堵庵の「前訓」抜粋

「前訓」講演の模様

男子七歳より十五歳まで、女子七歳より十二歳まで、右の年に相応の教えを、手島堵庵先生が講釈されることにて、対象の方は行儀をよくして御出でください。また対象外の方であっても、お望みの方は遠慮なく御出でください。（以上のような前置きがある）

前訓　口教（口述の教訓）男子部　上

一、御講尺定《ごこうしゃくじやう》日　三日、十三日、廿三日　八つ時（現在の午後二時頃）
　但《ただ》し席《せき》の儀《ぎ》其《そ》の節々《せつせつ》御案内申候《ごあんないもうしそうろう》。

一、衣服、男女とも手習、謡、ぬいものなどに御出で之通り、ふだんていにて不苦《くるしからず》候。御はをりに及《および》不申《もうさず》候。

一、聴衆の席は、男女間をへだて、女中の席にはすだれをかけ置申候間、御遠慮なく御出でなさるべく候。

一、席料、音物《いんもつ》（おくりもの）、謝礼等一切うけ不申《もうさず》候。

一、御ざれあひ御無用、出入りしづかになされ、御ちいさきを御いたわり、先へ御つめあひ、随分神妙になされ下さるべく候。

一、火の用心御頼申候。以上

発起中《ほっきちゅう》

（講義の模様）

口教　一（一日目）

一、朝をひなり（起床）候はゞ、手水を御つかいなされ候て、まず神様を御拝みなさるべし。

これはこの日本は、神様の御国なれば、神様のおかげにて、みなみな御飯《おめし》をたべ、衣服を着中事も、これみな神様の御かげなれば、一番に神様へお辞儀をなされ候て、御礼申上なされ候が第一にて候。

（このような口調で語られた模様が記されているが、長文につき一部割愛し以降表題のみ列記する。）

一、次に御仏壇へ御むかい御拝みなさるべし。

一、三度の御飯《めし》をあがるときと寝しなと、御祖父《じい》様御祖母《ばば》様、とと様、かか様へ手を御つきなされ候て「おめし御あがりあそばされ候へ」、「御寝《ぎょし》なり候へ」と御挨拶なさるべし。

一、いづかたへも御出のとき（外出する時）は手を御つきなされ候て、とと様かか様へ御たづねなさるべく候。

一、御ふたりの親ご様の仰せられ候事は、何事にても「あい」と速《すみやか》に御返事なされ候て、きげんよく仰せ付られ候通《とおり》になさるべく候。さようになされ候へば御成人なされ候て後々、御仕合《しあわせ》よろしく候。親ご様の御心に御そむきなされ候かたは、後々御不仕合にて難儀をなされ候。（以下省略）

右の事どもよくよく御覚えなさるべく候。

口教　二（二日目）本日の資料は先日の資料の次へとじられたく候。

一、何にかぎらず、偽《うそ》をいったりしたりはなされぬものにて候。これ人間第一のたしなみなり。人の本心は正直なるが生まれつきにて候。

一、総体遊び事にもあしき事はなされぬものにて候。とかく悪き事と御気のつきたる事は、なされぬがよく候。

一、殺生をする事は甚《はなは》だあしき事にて候。およそ殺生と申は定まりたる料理ごと、あるいは薬ぐい（獣肉など滋養となるものを薬として食うこと）などに魚鳥の命をとり候事にてはなく候。ただ無益に物の命をとり、あるいはいためくるしめ候事を申候。
一、総じて人のつつしみて申さぬ不礼《ぶれい》なる大口《おおぐち》をかたく申さぬものにて候。
一、男女のわかちは大事のものにて候間《あいだ》、幼少のときより男の子たちと、女の子たちとは一所《いっしょ》に御あそびなされぬものと申事、よくよく御聞きわけなさるべく候。
右の通りよくよく御熟読なされ、御のみ込み御おぼへ御勉《つとめ》なさるべく候。
口教　三（三日目）本日の資料は先日の資料の次へとじられたく候。
一、総体悪き所へ立よらず、悪き人に御交《まじ》わりなされまじく候。人は善悪の友によると申古人《こじん》の御おしえ、少しもちがいなき事に候。
一、人のかたわなるを見て笑わぬものにて候。ならびに外《ほか》より人の来りたる時、また帰る時など、かたかげにて笑わぬものにて候。
一、女衆にても、小童衆《でっち》（年季奉公する年少者）にても、すべて御つかいなされ人をむごくし、べっして打ちたたきなどは、かたくなされぬものにて候。わが身をつめりて人の痛さを知れと申事、ちかき手本にて候。
一、衣服食物に好事《こごと》を申さぬものにて候。
一、外《よそ》にて物をもらわばまず持ち帰りて、とと様かか様へ御あげなさるべく候。また人に何にても、物をかすにもかるにも、遣《や》るも、もらうも、皆その度々に御両親様へ御たずねなされ、御ゆるしをうけて取遣《とりやり》なさるべく候。
右の通りよくよく御熟読なされ、御のみ込み御おぼへ御勉《つとめ》なさるべく候。
口教　四（四日目）本日の資料は先日の資料の次へとじられたく候。

一、毎月一度灸《やいと》をすゆる事、これ御孝行のためと御心得なさるべく候。
一、食物飲物にて腹を損なわぬようにし、また総体身を怪我せぬように御用心なさるべく候。
一、善悪とも報いの来るはのがれぬ事を御弁《わきま》えなさるべく候。昔より申ならわせしごとく、仰向《あおむ》いて吐く唾は必ず天には吐きかけずして、却って落ちかかりて身を穢《けが》すといえり。（以下省略）
以上が「前訓」の概要である。

心学と日本人の善行　以上が講義の模様であるが、つい最近（昭和二〇～三〇年頃）までこの教えが日本人の善行の規範とされ定着していた。「心学」は初め商人道徳の向上を目指すものとして生まれたのであるが、家治の時代にはむしろ一般庶民のモラルアップのバイブル的存在になっていた。主唱者の石田梅岩は商人を対象として唱えていたが、それを弟子の手島堵庵達が一般庶民向けに作り替えていったのである。彼等はどうすれば庶民に受け入れられるかを徹底的に研究し、また広く普及させるため講師の養成にも努めた。善行とはどのような行いなのか分かりやすく説いており、また気軽に聞けるよう工夫されていたので瞬く間に広がっていった。そこには善行の規範が示されており、特にそれまで教育に縁のなかった女子や子供達にも専用の教えが用意されるなど配慮がなされ、受け入れられ易いものとなっていた。徳川実紀には幕府が善行者を表彰している記述が随所に見えるが、受賞者は「心学」でいうところの善行者とほぼ同じ基準で選ばれていた。善行者の基準が「心学」によって示されているので、それが普及するのは当然のことである。この思想が国中に広まり、わが国のモラルは一気に高まったといわれている。そしてそこで根を張った「心学」は今も日本人の根底に残存し、日本人のモラルの高さを維持しているように思われる。ここでは年少者向けの講義の模様を掲載したが、「心学」はいろいろの階層の人に向け発信されているので、詳しくは専門書を御覧願いたい。

※5　天明期の北辺調査団と北海道開拓計画

新北海道史にある「蝦夷地一件」に、天明期の北海道開拓と北辺調査団に関する記事が載っている。そのきっかけとなった「赤蝦夷風説考《あかえぞふうせつこう》」については辻善之助氏が著書「日本文化史別録四」において要約し、掲載している。また歴史家大石慎三郎氏は著書「田沼意次の時代」で「蝦夷地の調査とその開発政策」の項を設け、詳しく記している。こうした著書の記事および後藤一朗著「田沼意次」にある「北海道開拓」の項などの記述をもとに、当時起きていた事象を項目別に記すことにする。

ロシアの南下　ロシア人はヨーロッパ側から東進をはじめたが、それは天正十年（一五八二年）頃のことでシベリアへの侵入であった。以降彼等は東南に向け進行をつづけ、慶安三年（一六五〇年）には黒龍江地方にまで達した。ここで清国（中国）軍と接触し、しばしば戦争となるが元禄二年（一六八九年）の清・露のネルチンクス条約によって漸くおさまった。こうして南進を封じ込められたロシアは方向を北東に転じ、やがてベーリング海峡に達した。そしてここから更に千島列島に沿って南下をはじめ、明和四年（一七六七年）には択捉島《えとろふとう》まで足をのばしている。当時ロシアは有名なピョートル大帝の治下であり、大帝は東進に熱心で、宝永二年（一七〇五年）に、わが国漂流民を首都に招いて日本語学校を開設、宝暦三年（一七五三年）には日本人の教授を増やし、規模を大きくして学校をシベリアのイルクーツクに移している。その後安永、天明の頃（一七七〇〜八〇年代）エカテリーナ二世の治下、択捉、国後島から東蝦夷地の要港、厚岸《あっけし》にまで姿を現すようになっていた。工藤平助著「赤蝦夷風説考」が発刊されたのは、このようなときであった。

赤蝦夷風説考　この書の著者は紀州藩医、工藤平助（一七三九〜一八〇〇）で上下巻より成り、下巻の方が先の天明元年（一七八一年）に脱稿、その後上巻も脱稿し上下併せたところで天明三年正月、これに序文を付け正式な発刊となったものである。その趣意は概略次の通りである。

「ロシアが次第に東進しており、漂流の日本人を撫育して日本語を研究している。魔手は伸びて千島・樺太におよび、今ではわが国周辺を乗り回して地勢を窺っている。この際これを打ち捨てておくべきではない。まず要害を固めることを第一とせねばならない。密貿易については、これを建前としてはもちろん禁止すべきもの。しかし今の場合、これを禁ずるよりはむしろ表立ってロシアと交易を開くことを考えてみてはどうか。こちらでも先方の人情や地勢・兵備などを知るという益もあると思う。また、蝦夷に金山が多くあるから、これを調べて掘り出し、それをロシアとの交易にあててもよい。ロシアと交易してみれば世界の事情も明らかになり、長崎での唐・オランダ貿易に、一方的に彼らに不当の利をむさぼられるようなこともなくなるであろう。貿易の場所は、あながち北海の地に限らない。要害のよい港なら、どこでも良いと思う。このままにしておけば蝦夷がわが国の支配から離れ、ロシアの命令に従うようになることになるかも知れない。それは大きな脅威である。その時に至ってから悔いても返らぬことである。」という意見の著書である。（日本文化史別録四）

田沼政権の北辺調査と北海道開拓計画の概要　天明四年（一七八四年）五月幕府内において表記の件が検討され、その席には勘定奉行松本秀持の「伺書」があった。その「伺書」には「赤蝦夷風説考」が添えられてあった。この「伺書」は提出から七日という異例の早さで決裁されている。

決裁を得た後、幕臣たちは蝦夷地に関する情報を集め、下記上申書を作成し提出している。それは「蝦夷通」といわれた御勘定組頭土山宗次郎（松本秀持配下）が作成した、十七条にも上る「松前並蝦夷地の儀に付及承候趣申上候書付」と題するものであった。それによると、

㈠ 松前城下は奥州三厩より海上十三里、城下は縦約三八町、横約八～十五町、家数約千八百軒、人口約一万人。城下外の村は城東に村十八個・小村十五個、人口約九千人。城西に村二三個、人口約一万三千人。

㈡ 日本から交易のため蝦夷地に持ってゆくものは、米・酒・糀・木綿針・煙草などであるが、縫入模様のある古着・塗物・蒔絵道具などが特に好まれる。なお刃物は禁制品である。

㈢ 蝦夷地の産物は鮭のほか鯨、それに金・銀・銅・鉄・硫黄・檜・蝦夷松・唐檜など多数。松前藩はそれら産物から年間一万百六十両の運上金が入っている。内訳は諸材木千五百両、諸廻船出入口銭五千両、鮭昆布等二千八百両、長崎俵物四百両、その他四百六十両である。

㈣ 松前藩では本土から渡来する者を厳しく制限している。特に儒者・出家・山伏・医師など字を読み書きのできるものは一切立ち入らせない。幕府巡検使などが来た時も案内の者に堅く口留めしておき、松前近くをあちこちと引き回し、事情聴取のため呼び出したアイヌにも、ここまでが蝦夷地だと答えさせて奥地に踏み込ませない習慣である。

以上の趣旨のものであった。

これをもとに勘定奉行松本秀持は松前藩と交渉し、同藩の同意と協力の約束をとりつけている。そして天明四年十月二一日には調査隊の規模編成について、幕府当局の認可を受けたのである。

天明蝦夷地調査隊の派遣　蝦夷地調査のため編成された幕府の陣容は、御普請役五人、同下役五人、廻船二艘というものであった。御普請役とは勘定奉行に配属された御家人役であり、指名されたのは山口鉄五郎、庵原弥六、佐藤玄六郎、皆川沖右衛門、青嶋俊蔵の五人であった。

松前に着いた調査隊はここで藩側と相談準備のうえ、東蝦夷地調査隊、西蝦夷地調査隊の二つに分かれ、四月二九日におのおの松前を出立した。両隊の編成、目的地および初年度の予定と実績は次の通り。

東蝦夷地調査隊　北海道東岸のキイタッフ、ノサップ（納沙布岬あたり）からクナシリ島に渡り、さらにエトロフ、ラッコ島（ウルップ）へとできるだけ遠くの島々まで見てまわる計画であった。隊員は、御普請役二人山口鉄五郎、青嶋俊蔵、同下役二人、松前藩よりの案内役二人、同通辞三人、同医師一人である。一行は、厚岸・キイタッフ（厚岸より少し東側、知床岬と納沙布岬にはさまれた地域）まで行き、そこからクナシリ島に渡海した。なおクナシリ島はキイタッフから海上八，九里、周囲およそ百五十里ほどと記録されている。

西蝦夷地調査隊　北海道の西岸を北上、ソウヤ（宗谷）に向かい、そこからカラフトに渡り、それより先はできるかぎり遠くまで行くという計画であった。隊員は、御普請役二人庵原弥六、佐藤玄六郎、同下役三人、松前藩より数名、同通辞二人、同医師一人である。

庵原弥六は松前より三百里ほどのところにあるソウヤまで陸路をたどり、廻船が着くのを待って松前を出発した佐藤玄六郎および下役三人とそこで合流した。そして佐藤玄六郎および下役一人は奥蝦夷地を調べ、庵原弥六と下役二人はカラフト島に渡ることとした。庵原のカラフト隊は約十里ほどの海を渡り、海岸伝いに九十里ほど進んだが、飯米など物資の補給に問題が出たので止むを得ずソウヤにひきかえし、ここで寒気の様子を試すため越冬することとした。（下記に示すがこの越冬は大惨事を引き起こしてしまう。）

以上の編成であった。

松前留守隊　残った御普請役一人、皆川沖右衛門は松前に留まり連絡役となった。

松前を出発するまでの報告書に書いてあるのはここまでで、つぎの報告書が幕府に届くのは、それより八カ月後の天明五年十二月三日および同月二七日のことであった。

初年度調査報告と次年度計画　東西調査隊は、ここに書かれているとおり、予定していた本年度分の調査を遂行し終え、松前へと帰還した。佐藤玄六郎は松前に帰着すると、先に帰っていた山口鉄五郎、青嶋俊蔵と情報の交換をし、来春の計画なども打ち合わせたあと報告書だけでは十分意を尽せぬので、彼が代表して江戸に帰り、本年度の報告と同時に来年度についての指示を受けてくることとした。

玄六郎は江戸に着くと早速勘定奉行松本秀持のところに出頭、口頭で報告するとともに「蝦夷地の儀、是迄見分仕候趣申上候書付」と題する長文の報告書を提出した。そしてこの報告書は天明六年二月六日田沼意次まで上げられている。

これらの報告に基づいていたのであろうが勘定奉行松本秀持より、次年度（天明六年度）の調査計画と蝦夷地の開発計画が田沼意次のもとに提出され、二月二六日付けで伺いの通り実施するよう仰せ渡されている。それによると次年度の調査の主目的はカラフトからサンタン（シベリヤ本土か？）、千島からロシア本土への渡り口を探ることにおかれている。なおこの計画は「カラフトは蝦夷人の領地、千島列島のクナシリ・エトロフまでが日本、シュムシュ島からが赤人（ロシア）の領域、そしてその間にあるウルップ島は両者の交易場」と認識されている。

つぎに「蝦夷地の開発計画」をみると、まず蝦夷地は広大な土地であるが、人口はいたって稀薄である。しかし地味は大変よく、初作などは作物が出来すぎるほどである。また水は火山より流れ出、大川・枝川などが多く堤・川除など手を加えないでも、農耕に必要なだけの水があって旱魃の心配がない。そしてその面積は、周囲約七〇〇里、平均長一五〇里、横五〇里として、一一六六万四〇〇〇町歩。その一〇分の一を耕地と見積もると、一一六万六四〇〇町歩となる。これを内地の古田畑の平均一反一石の半作（五斗）として計算すると、五八三万二千石の耕地となる。（総面積の誤差は十分の一程度とほぼ正確な数字で、収穫も実現可能な半作を見込んでいる）

ではこれだけ広大な土地をどうして耕すかだが、まず蝦夷人に農具を与え、種子を渡し、作り方を教えることから始める。しかしそれだけでは農耕者が不足するので、どうしても内地から入植させなければならない。そこで提案されたのが長吏・非人を取り仕切る弾左衛門《だんざえもん》輩下の者の入植計画である。彼の輩下は関東・駿河・甲信越に三万人余いるが、全国ではその十倍ほどが見込めるという。彼の言では、もし私に支配権を与えてくれれば、そのうちの七万人ほどを、自分自らが率いて現地に行って開発に従事するとのことである。ともあれ佐藤玄六郎が蝦夷地に引き返し、調査・準備を整え、数年後にこの大計画は実現する予定であった。

幕府の政変と大開発計画の挫折　西蝦夷地調査隊のうち庵原弥六を隊長とする一隊はカラフト島に渡るも、冬が近づいたため一旦宗谷に引き返し、そこで「寒気試み」のため越冬することにした。ところが宗谷にはソウヤ地区を場所請していた飛驒屋という運上屋があるだけでこれといった設備もなく、また当初冬には松前に帰る予定であったためその準備も知識も不足していた。ただ隊員の中に松前藩士が数人いたので、ある程度の知識はあったと想像される。しかしその年はことのほか寒かったのであろうか、極寒のなかで隊員たちは「霧気にあたり」次々に倒れていった。そして五人もの犠牲者を出すに至った。思いもよらぬ大惨事となったのであるが、そこへ第二回カラフト調査隊先陣の下役・大石逸平がやって来てこの惨状を見て驚き、松前に急報すると共に急場の処置をとった。幸い生き残った者は次第に元気を取り戻し、また松前からも救援隊がかけつけてきたので、大石逸平は始めの予定通りカラフトへ渡った。今回は準備万端整えていたので前年より数倍北（マーヌイ付近）まで行くことができた。

以上のように天明の蝦夷地調査は着々と進み、大きな成果をあげていたのだが、ちょうどその頃、江戸の中央政界では重大なことが起こっていた。田沼意次の後ろ盾になっていた将軍家治が発病し、天明六年（一七八六年）九月八日死亡すると、田沼意次およびその一派の幕閣は全員左遷または罷免させられてしまった。そして北辺調査団には調査を中止し、即刻帰還するよう命が下り、北海道の開発計画は取り止めとなってしまった。江戸に帰った調査団の面々は、それまでの調査結果をとりまとめ報告書にして提出するも、なんの労いも無く「蝦夷地の一件はすでに差し止めになっているので受理しない」として却下されてしまった。そして大部分の者は「帰農せよ」と職まで奪われてしまったのである。

後日談であるが、寛政元年（一七八九年）アイヌが反乱を起こした。役人の一人青嶋俊蔵は松平定信にその事に関する調査を命ぜられた。青嶋はその命に従って再度現地へ赴き、詳細な調査をしたのであるが、帰還後提出した報告書の内容が、定信の意に沿わぬものであったとして牢に入れられてしまった。あまりにも無情な処置に青嶋は、獄内で憤死して果てたのであった。

現在問題となっているロシアとの北方四島領有権は過去の実効支配が最大の争点である。この計画が順調に進展していれば実効支配は当然我が国であり我が国領土とすることに疑念をはさむ余地はなかったのです。

※6 「寛政重修諸家譜」（松平武元、板倉勝清、田沼意次）

「寛政重修諸家譜」は寛政年間に幕府が撰した書。「寛永諸家系譜伝」の後を継ぎ大名旗本諸家の系図と伝記を集めたもの。寛政十二年（一八〇〇年）に着手（松平定信失脚の七年後）し、文化九年（一八一二年）一五三五巻をもって完成した。歴史書としては一級資料として認められているものである。ここでは家治に特に信認の厚かった板倉勝清・松平武元・田沼意次の項を抜粋し、将軍家に仕えた三者の活躍ぶりを浮き彫りにする。（年齢数え年のままとする）

板倉勝清《いたくらかつきよ》　初重清《しげきよ》　百助　伊豫守　佐渡守　従五位下　従四位下　侍従　母は上（兄）に同。

宝永三年（一七〇六年）泉に生る。享保二年（一七一七年）八月遺領を継ぎ、菊間の広縁に候す。同月（十二歳の時）はじめて有徳院殿（吉宗）にまみえる。同五年十二月従五位下伊豫守に叙任す。同十四年六月大番頭となる。同十七年八月奏者番にうつり、同二〇年五月寺社奉行を兼ねる。同年六月若年寄に転じ、佐渡守にあらたむ。元文四年（一七三九年）八月吉宗の絵を賜う。延享元年（一七四四年）十月鷹狩りの役をも仰せつかう。同二年十月十二日将軍位を吉宗から家重へ委譲する式を取り仕切ったことを賞され、家重より時服七領、吉宗より五領賜う。同月吉宗の辞職を賀せられて御刀を賜う。同三年九月、二卿（田安・一橋）に領地を与える役を果たし時服六領を賜い、同月封地を遠江国榛原、周知二郡に移され相良を居城とする。同四年六月金穀出納の事をうけたまわる。寛延元年（一七四八年）十月朝鮮通信使を迎える責任者としての功績を賞される。同年十一月城主となり五千石加増。同二年二月封地を上野国碓氷、群馬、緑野三郡のうちに移され、安中城を賜う。宝暦元年（一七五一年）七月吉宗葬儀の責任者としての功績を賞される。同四年十二月家治正室入輿の責任者としての功績を賞され、家治より時服三領、御簾中

（正室、五十宮倫子）より紅白の紗綾五巻を賜う。同月家治より婚儀整いしことを賀せられ時服三領賜う。同十年四月次期将軍家治の側用人となり従四位下に登る。同年五月二の丸（江戸城本丸）経営の事を任され、備前国宗の刀を賜う。同年六月家重将軍辞職の式を取り計らい備前康光の刀を恩賜せらる。同十一年八月家重死去に伴い、遺物香炉を拝賜す。明和四年七月西城の老中となる。ただし本城（江戸城本丸）へ上がった時は「憚らず政務をも議すべし」旨家治より仰せあり、一万石加増さる（合計三万石）。領地は下總国三郡の内に移され、持槍二本をゆるさる。同六年八月本城の老中となる。安永五年（一七七六年）四月家治日光東照宮参拝の時、留守居役となっていたが、家治より慰めと旅の模様を記した手紙を拝受す。同年十一月勝清、齢七〇歳をこゆるにより饗膳を賜い、かつ紅の絹を恩賜せられ、これより衣服のうちに紅を用いることをゆるさる。同七年日光東照宮修造の役を仰せつかり出発の際、家治手ずから御料の羽織をかづけられた。同八年四月家治嗣子家基死去に伴う葬儀の総指揮をつとめる。家基遺物、源氏八景の軸を賜う。同九年六月十七日、東叡山において御霊屋の修復、および家基御廟所普請の役を承わる。この日営中において病発す。侍臣稲葉正明をもって人参を賜ひ、侍医吉田元卓を添へられて退出す。二十日同職の人々御前に出仕したとき、家治が勝清の病状を尋ねられ、二十三日また乾魚を賜ひ、二十六日職を辞すといへども、いまだ日あらざればゆるゆる加養すべきむね懇《ねんごろ》のおはせをかうぶり、二十七日病篤むねきこしめされ、近侍の臣をして佳肴を賜ふ。二十八日卒す。年七五歳。

松平武元《まつだいらたけちか》　初武元《たけもと》　源之進　右近将監　主計頭　右近将監　従五位下　従四位下　侍従　実は松平播磨守頼明が二男　母は久野氏。

正徳三年（一七一三年）生る。享保十三年（一七二八年）七月松平家（六代将軍家宣の弟、清武が当主

であった家）当主武雅《たけまさ》が死に臨んで養子となり同年九月遺領を継、同日所領を陸奥国棚倉に移される。同月（十六歳の時）はじめて有徳院殿（吉宗）にまみえる。同十四年十二月従五位下右近将監に叙任す。元文四年（一七三九年）九月奏者番となる。延享元年（一七四四年）五月寺社奉行を兼ねる。同二年五月主計頭に改む。同年九月九日将軍吉宗への拝賀終りしのち近侍の臣をして御前に召され、武元が承る職務の事を問うたついでに「以前紀伊家にいた時、武元の祖父清武とは御ゆかりあり」といわれ、殊更親み深いご様子であった。また「養父武雅（清武の継嗣）も武元も御三家の血筋ゆえ、身をつつしみて末永く仕えよ」とのお言葉もあった。同三年五月西城の老中に任じらる。大御所（吉宗）の御前に召され「事によりては御所の御事（国政）をも奉わるべき由御諚あり。」この日また右近将監に改め、同年九月従四位下に登る。同月旧領上野国館林に移される。同四年七月侍従に任ぜらる。同年九月西城より本城（江戸城）老中に移る。宝暦十年二月家重右大臣御転任の式に、武元御裾の役をつとむ。同年九月家治将軍宣下の式、万事無事終りし事を賞せられ、家治より元重の刀を賜い、御台所御叙位の事を扱いしにより縮緬十巻をかづけらる。同十一年六月家重の遺物古今和歌の一軸を賜い、八月万寿姫（家治正室の長女）生まれた時の産屋のことを奉はりしかば、時服十領を賞賜せらる。同十二年十二月財用の役（筆頭職の役）を仰せつかる。明和元年（一七六四年）三月朝鮮通信使を迎える責任者としての功績を賞される。同年六月来年東照宮（家康）の百五十回忌あり、その準備のための日光東照宮修理の役を仰せつかり無事終了したことを賞さる。同二年三月御法会によりて日光に行くの暇賜り、その労をねぎらわれ将軍御手づから伽羅一木をたまわり、馬一匹をひかる。同年四月東照宮（家康）の百五十回忌は田沼意次が将軍名代として赴くも無事終了したのに伴い両名に恩賞あり。同三年四月家基元服の催しを取り仕切り、家治、家基より恩賞を受く。同六年十二月年ごろの勤労を賞せられて七千石加増、あわせて六万一千石となる。安永元年（一七七二年）

三月江戸役宅全焼す。幕府より一万両貸与あり。同年四月十二日武元ひとりを奥の御座にめされ、「このたびの火災非常の事なれば、その費多かるべし。しかれども平日節倹を行なうも、かかることあらん時のためなれば、外より手薄に見えざるよう心を尽くせ」との御旨を書にして賜る。同四年九月日光山に赴く暇たまわりて、御料の羽織を被けらる。これは来年家治の御参宮の道すがら、仮の御座所等を点検すべきがためなり。このついでに居城館林にも立ち寄るべしと仰せこうぶる。同五年四月日光山に供奉するにより、御前において御羽織二領に御袴をそえて賜り、同月御宮に御拝礼終りて帰る途中、宇都宮の旅館にて家治より杯を賜い、また手ずからさかなをとりて賜う。道中渋滞なく進めたのは武元の配慮が行き届いていたからであるとして青江長次の刀を賜う。同八年四月家基死去に伴い遺物古今集の手鑑を賜う。同年三月の末ごろより武元病にかかり、出仕せずして月ごろになりしかば、うちうち同列につきて財用の司をはじめとして、承りし事どもゆるさるべきよしを請申せしに御許容なし。五月侍医池原雲伯してことさらに問わせ給う。七月になりてもなお怠る事なかりしかば、職を許されん事を申たりしに、病中心にかかるべければ、財用の事等はかりに同列の人してかわりてうけたまわらせらる。心にかけずして医薬をくわうべし、職とけん事においては聞しめしいれられざるよし、田沼意次して仰せあり。同月嫡子武寛を御座に召して、父が病を問わせたまい、乾魚を賜はる。病状悪化が続くため、かさねて職とけん事をこい申せども、なをゆるされずして、心長く治療をつくすべしと仰せくだされしに、その翌日卒す。年六七歳。

田沼意次《たぬまおきつぐ》　龍助　主殿頭　従五位下　従四位下　侍従　母は高近が養女。

享保四年（一七一九年）生る。同十七年七月（十四歳の時）はじめて有徳院殿（吉宗）に拝謁す。同十九年三月西城の小姓となり、同二十年三月遺領を継ぐ。元文二年（一七三七年）十二月従五位下主殿頭に叙任す。延享二年九月本城に勤仕し、同四年御小姓組番頭の格となり、諸事を執啓する事を見習う。寛延元年（一七四八年）十月御小姓組の番頭となり、中奥の勤めを兼ねる。同日、下總国において千四百石加増さる。宝暦元年（一七五一年）七月御側（側用取次）に進み、諸事を執啓す。同五年九月下總国において三千石を加増され、八年九月遠江国榛原郡のうちにおいて五千石加増さる。旧領をあらためられ、遠江、相模、下總三国の内においてすべて一万石の領地をたまい、評定所の式日にはその席につらなるべきむね、仰せをこうぶる。同十年五月十八日（五月十三日に家治将軍位を継承）二の丸の普請を承り、御手づから御料青江秀次の御刀を賜う。同年十月領地の御朱印を下さる。同十二年二月五千石加増せられ、明和二年（一七六五年）四月東照宮（家康）百五十回の法会行なわるるにより、仰せを承りて日光山に赴き、時服五領を賜う。同四年側用人となり、従四位下に昇る。この日五千石の加増を賜い、仰せによりて相良に居城を築く。同年九月御座に召され、老中を招請すべきむね懇ろの仰せをこうぶり、狩野法眼栄川筆の掛軸を賜う。同六年八月加増され、侍従に進み、老中に準ぜられて持槍二本をゆるさる。同年十二月孝恭院（家基）殿生誕ありてよりこのかた西城に移らせたまうにいたるまで、諸事を沙汰せしにより恩賞を受ける。安永元年（一七七二年）一月老中となり、遠江国の領地の内五千石を三河国に移さる。同二年三月万寿姫の葬式を取り仕切る。同五年四月家治日光参拝の供を命じられ、御料の羽織二領、袴一具を賜い、西城においても（家基より）時服五領を拝賜す。同六年四月遠江国、駿河国において七千石加増せらる。同八年四月家基死去により跡目のことを采配させらる。同九年四月はじめて城地相良に行くのいとまをたまい、二日御前に召され、野袴二くだりと馬（久保山と号す）一匹を賜う。六日いとまもうすの時も御手づから御料の羽織を拝賜す。天明元年（一七八一年）五月家斉（一橋家長男）将軍家の養子となるを祝わせたまい将軍家、一橋家より時服を拝領す。同年七月さきに御養子の事をうけたまわりしにより、御手づから備前清光の刀を賜い、将軍家よりも時服十領を賜う。同日、一万石加増せらる。同二年四月家斉の元服および官位の事を賀せられて時服五領をかづけられる。同五年一月一万石加増あり。すべて五万七千石を領す。同六年八月二七日職を辞し、鴈間に候す。（家治九月八日死去）同年十月すでに職をゆるさるるといえども、おぼしめす旨ありて、両度の加増二万石の地および居城ならびに大坂の蔵屋敷をも収公せられ、出仕をとどめられ、十二月ゆるさる。同七年十月意次在職のあいだ不正のはからいありしこと家斉に達し、ことに不束のいたりにおぼしめさる。所領二万七千石没収（残一万石）、致仕して別荘に蟄居し、慎あるべきの旨厳命をこうぶる。同八年七月卒す。年七〇歳。

参考文献

田沼意次　後藤一朗　清水書院　昭和四六年
田沼意次の時代　大石慎三郎　岩波書店　平成三年
日本の名著二二　責任編集　芳賀　徹　中央公論社　昭和四六年
ツンベルグ日本紀行　訳註　山田珠樹　雄松堂書店　昭和三年
徳川諸家系譜第一　校訂　斎木一馬　続群書類従完成会　昭和四五年
近世生活史年表　遠藤元男　雄山閣出版　平成元年
田沼時代　徳富猪一郎　明治書院　昭和十一年
日本文化史別録四　辻　善之助　春秋社　昭和二八年
日本の歴史第九巻　岡田章雄他　読売新聞社　昭和三四年
日本の歴史第二〇巻　大石慎三郎　小学館　昭和五十年
服部之総著作集一　服部之総　理論社　平成七年
株仲間の研究　宮本又次　有斐閣　昭和十三年
江戸幕府財政史論　大野瑞男　吉川弘文館　平成八年
ティチング日本風俗図誌　訳者　沼田次郎　雄松堂書店　昭和四五年
ゴッホが愛した浮世絵　NHK取材班　日本放送協会　昭和六三年
われらの北方領土二〇〇八年版　外務省　平成二一年
オランダ商館長の見た日本　横山伊徳　吉川弘文館　平成十七年
日本の歴史十七　奈良本辰也　中央公論社　昭和四一年

国史大系四七（徳川実紀）　編輯者黒板勝美　吉川弘文館　昭和四一年
新北海道史第七巻資料一　編集発行　北海道　昭和四四年
シーボルト日本交通貿易史　訳註者　呉　秀三　駿南社　昭和四年
徳川十五代史　内藤耻叟　博文館　明治二六年
日本思想大系四二　石門心学　校注者　柴田　実　岩波書店　昭和四六年
読史総覧　監修者　小葉田　淳　他三名　人物往来社　昭和四一年
寛政重修諸家譜　編集顧問　高柳光寿　他二名　続群書類従完成会　昭和三九年
百姓一揆の年次的研究　青木虹二　新生社　昭和四一年
栄花物語　山本周五郎　新潮社　昭和四三年
剣豪その流派と名刀　牧秀彦　光文社　平成十四年
相良史　山本吾朗　相良史蹟調査会　昭和七年

あとがき

徳川時代二六五年は、戦争のない平和な時代であったといわれている。しかし日本の国民にとって、本当に平和で良き時代であったのであろうか。

その間将軍は一五人も存在しており、個性の違う人物が専制政治を行ったのであるから一概でないことは想像に難くない。そこで私は、国民サイドから俯瞰し、どの時代の政治が国民に最も幸せをもたらしたかということを探ってみた。

そして冒頭で記したごとく「改革政治家、家治」を発見したのです。

家治が将軍に就いた時の社会は、現在の日本の閉塞した社会と共通した部分が数多くあった。以下に掲げる十の課題は、その象徴的なものであります。

ここに課題として掲げたもの、それに対する私が当初抱いていた疑問をお示ししますが、本書をお読みいただいた皆様方なら、これらの疑問はすぐ解けることと思います。（念のため「解く鍵」を最終頁付録に添付しました。）

① **景気浮揚策**　八代将軍吉宗、九代将軍家重の時代は不景気に喘いでいた。それが十代家治の時代は好景気に沸いた。幕府が金をばら撒く方法はとらず、どうして景気を良くしたか。

② **政治家と官僚の関係**　優秀な幕府閣僚（官僚）を家治（政治家）は手足の如く動かし、政治を行った。

閣僚に牛耳られる将軍が多い中、家治はなぜそのようなことができたか。

③　地方分権　全国三百藩の藩主に藩の自主運営を任せた。藩主やその家臣は知恵を絞り、藩の興隆に努めた。その結果、都市も地方も目覚ましい発展を遂げた。幕府の取った手法とは。

④　規則緩和の政治　封建制度という枠の中ではあるが「規律」を無理強《じ》いせず「規制緩和で自由な世」にした家治の政治とは。それにより自由を得た国民はどのように振る舞ったか。

⑤　財政健全化　正常時（除く自然災害等特殊事情時）、江戸時代で最も財政収支の健全化が図られたのは、この家治の時代である。幕府の金をどのようにして増加させたか。

⑥　平和裏に税制改革　それまで税金は農民が納める年貢に偏っていた。収益を上げている業者全てから広く薄く税金を徴収する方法に変えた。平和裏に変更された新税制とは。

⑦　国民を伸ばす教育　国学は本居宣長、洋学は杉田玄白等の最高水準の人々が各分野から出ている。国民の勉学意欲を高揚させ、またその能力を最高に引き出させた教育政策とは。

⑧　食糧自給率と米価変動率　江戸時代の食糧自給率は常に百パーセントであった。問題は米価の変動が激しいことである。食糧の確保と同時に変動率を最も安定させた手法とは。

⑨　日本式循環型農業　欧州の著名な植物学者ツンベルクが日本の農民は農業の天才だと褒め称えているがどのようなところが優れていたのか。自然環境を守る日本式の特徴と欠点。

⑩　日本の外交　交渉相手国の情報を的確に掴み、双方益あるよう友好的に交渉を進めている。具体的には和蘭、中国との貿易、ロシアの南下等への対応であるがなぜできたか。

以上は現代の政治家をも悩ませている課題と共通する部分が多い。こうした難問を次々解決していった家治の政治、そこには「理想の政治」へいざなう鍵が潜んでいるように思う。そこで私は家治の政治を分析し、その鍵を見つけようとした。そしてついにその片鱗を見つけ、自分なりに上記疑問を解明し、その集大成として本書発刊に至った次第である。しかし残念ながらこの優れた家治の政治も、私自身が浅学のため記述不足は否めない。

本書を契機に家治の執った政治がより深く研究され、そして日本の政治の質が高まり、より良い政治が行われていくことを期待するものである。

最後に本稿の執筆にあたり献身的にサポートして下さったテーミス営業部伊藤淳部長様、またさまざまな視点からのアドバイスをいただいた山口勲様には衷心より御礼を申し上げたい。それにもまして本書出版を心良くお引き受け下さり、その上ご助言、お励ましまし下さいました同社伊藤寿男社長様に深甚の謝意を表する次第である。

付録

【あとがき】に記した、十の項目を解く鍵が記されている個所を以下に示す。【】は表題

①『景気浮揚策』P84【通貨政策】使い勝手の良い表示通貨を大量に発行。P72【産業振興策】地方において多くの品を生産、大都市で消費。P39人々は「宵越しの金は持たねい」と言って、稼いだ金は貯め込まずに使う世にした。以上三つの政策を絡め好景気を創出した。

②『政治家と官僚の関係』P163【宰相の知識とリーダーシップ】、P165【トップを支える補佐役の力量】幕臣たちが将軍を信頼していたからこそ、いくつもの大改革ができたのである。

③『地方分権』P58【中央集権から地方分権へ】全国三百藩の藩主に自主運営を任せ、多くの藩が藩改革を成功させている。セーフティーネットを布いた上で、能力のある藩主には十分能力を発揮させている。その結果、この時期大勢の名君が全国各地から輩出している。

④『規制緩和の政治』P171【自由・平等・平和な社会】自由と平等に飢えていた日本の庶民が、この時は能力を存分に発揮した。「規制緩和で自由な世」にすれば、素晴らしい力を発揮するということが実証されたのです。今一度、現在の規制を見直してみてはいかがでしょうか。

⑤『財政健全化』イ、P84【通貨政策】貨幣の鋳直しにより幕府は莫大な収益を上げている。ロ、P72【産業振興策】貿易品の生産を督励し、幕府自体が貿易において大きな収益を得た。ハ、P81【税制改革】新税を広くに課し増収を図った。財政支出ではニ、P22【家治と大奥】に記したごとく大倹約している。イ～ニにより財政を、江戸時代を通じ最高の状態にした。

⑥『平和裏に税制改革』P81【国民に平等な税制】平和裏に税制を抜本改正した。国民は税のコストと、

自分たちを守ってくれる幕府の行動とを天秤にかけ、納得の上納税義務を果たしている。税制改革には、政府と国民との良好な信頼関係が不可欠であると言えよう。
⑦『国民を伸ばす教育』Ｐ88【教育政策】にあるとおり、最高の結果が出ている。この時幕府自体はそれほど活動していない。諸藩は藩学校を創るなどして努力した。国民も私学設立などして頑張った。幕府は皆に自由を与え、見守っているだけだったがそれで良かったのです。
⑧『食糧自給率と米価変動率』Ｐ68【物価安定策】およびＰ168【国内自給率と環境問題】にて記したように、物価安定度は江戸時代中、最も良好な状態であった（天明の飢饉の時を除く）。主な手段は備蓄米の一斉買い上げ、通貨供給量の調整、株仲間への物価監視によった。
⑨『日本式循環型農業』Ｐ168【国内自給率と環境問題】ツンベルクが感心したのは農作物が全て美味であること。農民が農地を有効に活用していることなど。彼は見抜けなかったが、農作物が美味である本は肥料にあったのです。糞尿もこの頃は高値で取引されていた。
⑩『日本の外交』Ｐ77【黒字になった貿易収支】、Ｐ143【蝦夷地開拓とロシア対策】、Ｐ157【矮小化された評価】、Ｐ182【浚明院殿御実紀附録三】、Ｐ185【ツンベルクの日本紀行】当時の外交交渉のほとんどは日本側ペースで運ばれていた。そして全て友好的に進められていた。それを可能としたのは幕府が持っていた高度な情報網であった。

以上再確認するための道標をお示しいたしました。【】表題、Ｐページの再読をお薦めします。

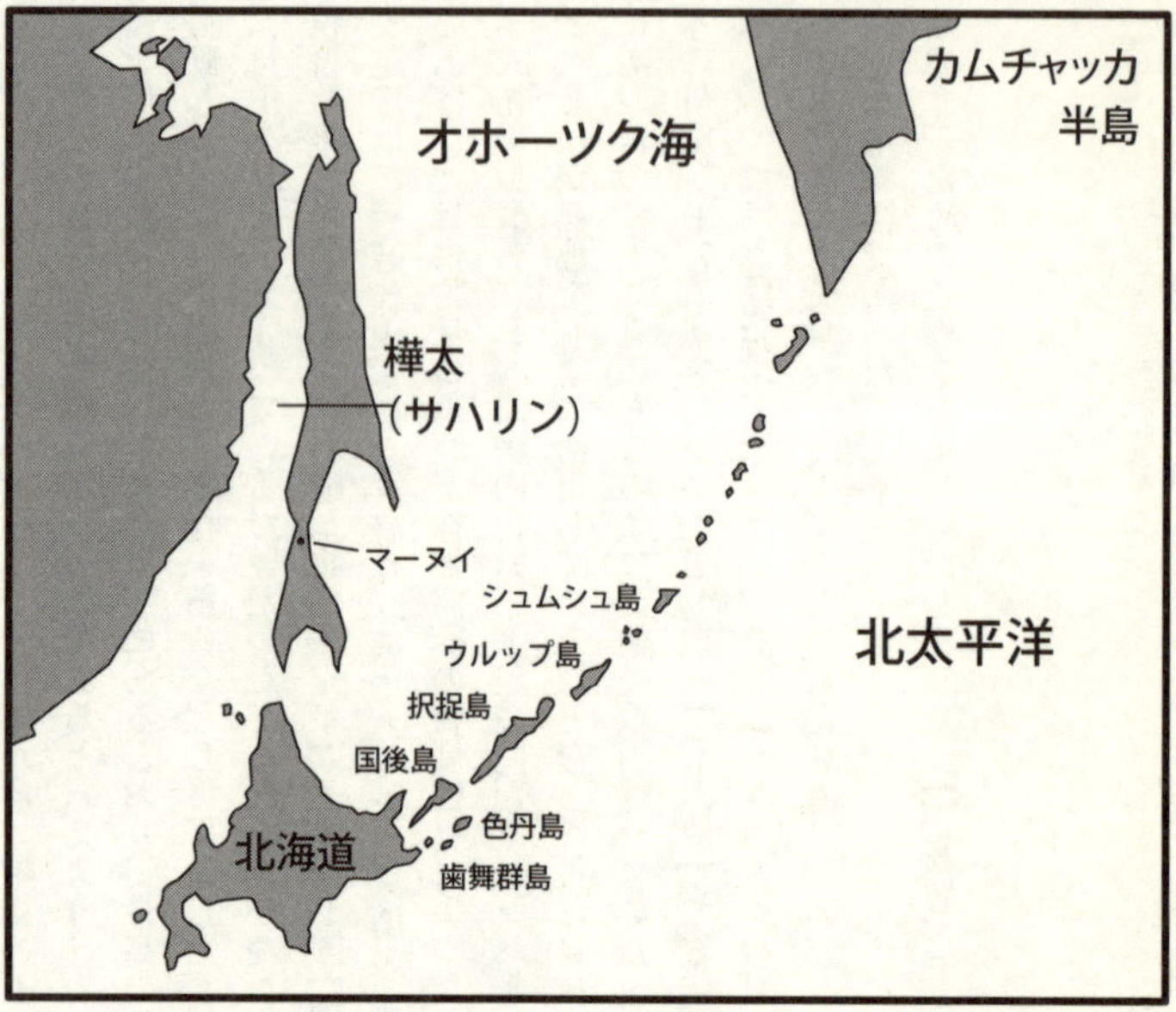

(P198「※５天明期の北辺調査団と北海道開拓計画」説明図)

後藤　晃一（ごとう　こういち）

・1939年静岡県相良町（現牧之原市）に生まれる。

・県立榛原高等学校卒

・静岡銀行に奉職。調査役を経て定年退職

・静岡銀行協会事務局長を務める

・田沼意次の研究家であった父後藤一朗の後を継ぎ、江戸時代の宝暦～天明期の歴史を研究

緊急提言　徳川家治の政治に学べ

2011年5月31日　初版第1刷発行
2012年3月31日　第2刷発行

著　者　後藤晃一

発行者　伊藤寿男

発行所　株式会社テーミス
東京都千代田区一番町13-15 一番町KGビル　〒102-0082
電話　03-3222-6001　FAX　03-3222-6715

印　刷
製　本　株式会社平河工業社

 ISBN978-4-901331-21-0
定価はカバーに表示してあります。落丁本・乱丁本は、お取替えいたします。